NATIONAL
GEOGRAPHIC

W0290650

LANZAROTE

Inhalt

Das Magazin 5
✦ Feuerfelder ✦ César Manrique
✦ Guanchen und Konquistadoren
✦ Essen und Trinken
✦ Zu Lande, zu Wasser und in der Luft
✦ Vom Land leben ✦ Sport
✦ Karneval und Fiesta
✦ Insel der Phantasie
✦ Highlights auf einen Blick ✦ Lanzarote mit Familie

Erster Überblick 39
✦ Ankunft
✦ Unterwegs auf Lanzarote
✦ Übernachten
✦ Essen und Trinken
✦ Einkaufen
✦ Ausgehen

Der Norden 49
Erste Orientierung
In drei Tagen
Nicht verpassen! ✦ Fundación César Manrique
✦ Teguise ✦ Jameos del Agua
✦ Cueva de los Verdes ✦ Jardín de Cactus
Nach Lust und Laune! ✦ Sechs weitere Adressen zum Entdeck
Wohin zum … ✦ Essen und Trinken? ✦ Übernachten?
✦ Einkaufen? ✦ Ausgehen?

Die Inselmitte 75
Erste Orientierung
In drei Tagen
Nicht verpassen! ✦ Puerto del Carmen ✦ Puerto Calero
✦ Arrecife
Nach Lust und Laune! ✦ Vier weitere Adressen zum Entdecken
Wohin zum … ✦ Essen und Trinken? ✦ Übernachten?
✦ Einkaufen? ✦ Ausgehen?

Der Süden und Timanfaya 97
Erste Orientierung
In zwei Tagen
Nicht verpassen! ✦ Parque Nacional de Timanfaya
✦ La Geria ✦ Playas de Papagayo
Nach Lust und Laune!
✦ Fünf weitere Adressen zum Entdecken
Wohin zum ... ✦ Essen und Trinken? ✦ Übernachten?
✦ Einkaufen? ✦ Ausgehen?

Fuerteventura 117
Erster Überblick
Erste Orientierung
An einem Tag
Nicht verpassen! ✦ Corralejo ✦ Betancuria
Nach Lust und Laune!
✦ Vier weitere Adressen zum Entdecken
Wohin zum ... ✦ Essen und Trinken?

Spaziergänge & Rundfahrten 133
✦ Arrecife
✦ Teguise
✦ Der Norden
✦ Der Süden

Praktisches 151
✦ Reisevorbereitung
✦ Reisezeit
✦ Das Wichtigste vor Ort

Sprachführer 157
Reiseatlas 159
Register 171

Autor: Paul Murphy
Gesamtproduktion: Cambridge Publishing Management Ltd
Aktualisierung: Paul Murphy
Aktualisierung unter der Leitung von:
Bookwork Creative Associates Ltd.

© MAIRDUMONT GmbH & Co. KG, Ostfildern,
2. Auflage 2009

„National Geographic" ist eine eingetragene Marke der National Geographic Society. Deutsche Ausgabe lizenziert durch National Geographic Deutschland (G+J/RBA GmbH & Co. KG), Hamburg 2009
www.nationalgeographic.de

Unsere Autoren haben nach bestem Wissen recherchiert. Trotzdem schleichen sich manchmal Fehler ein, für die der Verlag keine Haftung übernehmen kann. Hinweise, Verbesserungsvorschläge und Korrekturen sind jederzeit willkommen. Einsendungen an:
E-Mail: spirallo@nationalgeographic.de oder
National Geographic Spirallo-Reiseführer
MAIRDUMONT GmbH & Co. KG,
Postfach 31 51, D-73751 Ostfildern

Das Werk einschließlich aller seiner Teile ist urheberrechtlich geschützt. Jede urheberrechtsrelevante Verwertung ist ohne Zustimmung des Verlages unzulässig und strafbar. Dies gilt insbesondere für Vervielfältigungen, Übersetzungen, Nachahmungen, Mikroverfilmungen und die Einspeicherung und Verarbeitung in elektronischen Systemen.

Original 3rd English Edition
© Automobile Association Developments Limited
Kartografie: © Automobile Association Developments Limited 2008
© KOMPASS-Karten GmbH, A-6063 Rum/Innsbruck
Covergestaltung und Art der Bindung
mit freundlicher Genehmigung von AA Publishing

Herausgegeben von AA Publishing, einem Unternehmen der Automobile Association Developments Limited, Fanum House, Basing View, Basingstoke, Hampshire RG21 4EA, UK. Handelsregister Nr. 1878835.

Farbauszug: Leo Reprographics
Druck und Bindung: Leo Paper Products, China

A03694

Das Magazin

Feuerfelder

»Plötzlich tat sich bei Timanfaya die Erde auf … glutflüssige Lava ergoss sich wie Wasser gen Norden, um sich alsbald zu verdicken und langsamer zu fließen, zäh wie Honig … In der winzig kurzen Zeit eines Wimpernschlags zerstörte die glühende Masse die Dörfer Maretas und Santa Catalina im Tal. Als sich der Himmel mit Asche und Rauch bedeckte und die Sonne verdunkelte, flohen die Bewohner von Yaiza …«

Aus dem Tagebuch des Gemeindepfarrers von Yaiza, Don Amires Lorenzo Curbelo, 1. September 1730

Die Eruptionen dauerten sechs Jahre lang – es sind die längsten und heftigsten Vulkanausbrüche, die auf den Kanaren je verzeichnet wurden: 26 Vulkane spieen abwechselnd Feuer, und das Bersten des Gesteins klang angeblich so laut, dass man es sogar auf Teneriffa noch hören konnte, in rund 250 km Entfernung.

Als die Erde aufhörte zu beben, waren rund 200 km² Land unter Lava begraben – ein Drittel der Insel, samt zahlreichen Dörfern und Gehöften und den fruchtbarsten Gebieten. Die Lavaschicht in der Gegend des heutigen Nationalparks ist Schätzungen zufolge bis zu 4 m dick! Ironie

Lassen Sie sich von einem Kamel durch den Nationalpark Timanfaya schaukeln

des Schicksals: Die zerstörerischen glühenden Lavamassen vergrößerten die Insel um ein Drittel ihrer Fläche.

Glücklicherweise gehören die Vulkane der Kanaren zum so genannten Hawaiityp, d.h. sie kündigen ihre Ausbrüche lange vorher an, sind nicht explosiv und daher nicht von so verheerender Zerstörungskraft. Das Gebiet wurde rechtzeitig evakuiert, sodass es weder Tote noch Verletzte zu beklagen gab. Da jedoch ein Großteil des Ackerlandes zerstört war, waren viele Insulaner verarmt, und einige verließen Lanzarote. Weil eine verlassene Insel gegnerischen Mächten, etwa den Briten, als strategisch günstig gelegener Seestützpunkt mehr als willkommen gewesen wäre, verhängte die spanische Regierung auf »Inselflucht« alsbald die Todesstrafe.

... und bestaunen Sie die Vielfalt der vulkanischen Landschaft

Der schwarze Strand von El Golfo

1824 brachen erneut drei Vulkane aus, und zwar am Rande des heutigen Nationalparks. Die sengende Hitze war weithin spürbar, und angeblich konnten Seefahrer die Insel hinter dichtem Rauch und Nebel kaum mehr erkennen. Abermals gab es weder Tote noch Verletzte, und der materielle Schaden hielt sich diesmal ebenfalls in Grenzen. Und doch:

»Am 29. September durchbrach der Vulkan die Lavaschicht von 1730, und glühende Sturzbäche ergossen sich ins Meer. Unablässig ertönte lautes Krachen wie Donnerschläge, das den Inselbewohnern noch viele Kilometer entfernt den Schlaf raubte. Heute haben wir den 18. Oktober, und zweifellos brodelt auch unter unseren Füßen die Erde … Gestern durchbrach der Vulkan die Lavaschicht inmitten einer großen Ebene und spie eine Säule kochendes Wasser 50 m hoch in den Himmel.«

Aus Briefen von
Don Augustin Cabrera

Seither hat es keinen Ausbruch mehr gegeben. Die einzige geothermale Aktivität im Nationalpark dient heute als Besucherattraktion (► 105).

Vulkanlandschaften

Es gibt auf Lanzarote 125 Vulkankegel. Wegen des besonderen Klimas der Insel kann man bestens nachvollziehen, was sich während der Eruptionen hier abgespielt hat – anders als in den meisten anderen Vulkangebieten, etwa auf Hawaii oder Costa Rica, wo die Spuren von üppiger Vegetation überdeckt sind.

Auf Lanzarote findet sich Lavaergussgestein im Wesentlichen in drei Formen. Größtes Auswurfprodukt ist die so genannte Bombe, die klein wie eine Grapefruit, aber auch groß wie ein massiver Fels sein kann. Unter der spröden Oberfläche verbirgt sich ein grüner Halbedelstein, Olivin. Kleiner ist der leichtgewichtige Bimsstein aus Schlackebrocken (*escoria* genannt), die durch heiße Gase durchlöchert sind wie Bienenwaben. Kleinstes Lockerprodukt sind die *Lapilli* oder *picón*, Aschepartikel, deren Eigenschaften Bauern und Winzer besonders schätzen.

Auch beim Lavafluss werden zwei Hauptformen unterschieden, die nach der gültigen hawaiischen Terminologie bezeichnet werden. Wenn dicke, zähflüssige Lava erstarrt, entstehen raue, zerklüftete Oberflächen. Man spricht hier von Aa-Lava (»ah-ah« ausgesprochen); sie bedeckt das typische kanarische *malpaís* (Ödland). Dünnere, schneller fließende Lava erkaltet zu feiner strukturierter Oberfläche. Sie wird als *pahoepahoe* bezeichnet.

Eine weitere Besonderheit ist die vulkanische Röhre, die entsteht, wenn sich unter einer erstarrten Lavahaut flüssige Lava hindurchschiebt. Stürzt solch ein Tunnel ein, spricht man von einem *jameo*.

Wissenswertes über Vulkane

Viel über die vulkanische Aktivität der Insel erfährt man in der Casa de los Volcánes von Jameos del Agua (► 59ff). Auch das Besucherzentrum von Mancha Blanca (► 105) informiert mit einer Ausstellung. Interessant hier ist aber vor allem die – kostenlose – geführte Tour ins Tremesana-Gebiet. Mindestalter für die Teilnahme ist16 Jahre; Vorabbuchung ist erforderlich (Tel. 928 840 839).

Am meisten über den Vulkanismus der Insel lernen Sie, wenn Sie sich einer der Touren von Canary Trekking anschließen, die von gut informierten ehemaligen Rangern des Nationalparks geführt werden. Die Tour ist rund 7 km lang und somit länger als die Tremesana-Tour, außerdem ist sie auch noch relativ teuer. Dennoch wird dieser Ausflug mit Sicherheit einer der Höhepunkte Ihres Aufenthalts (Tel. 609 537 684, www.canarytrekking.com).

Die Tour endet an der Stelle, wo im Jahr 1824 die großen Explosionen stattfanden, und man kann direkt in die »Schlote« hineinsehen, die damals durch die heißen Wasserfontänen entstanden.

Einblicke in die Wissenschaft im Besucherzentrum von Mancha Blanca

CÉSAR MANRIQUE

Überall auf Lanzarote stößt man auf César Manrique, und wenn nicht auf seinen Namen, dann auf sein Vermächtnis. Surreal gestaltete Sehenswürdigkeiten, Designer-Speisekarten in Restaurants, Kunstgalerien und Straßenskulpturen, restaurierte Villen, das Logo der Insel – es ist schlicht unmöglich, diesem Mann nicht zu begegnen. Manriques künstlerisches Erbe ist an sich schon außergewöhnlich, doch seine wahre Größe liegt in dem, was er der Insel erspart hat, in den Wertvorstellungen, die er zukünftigen Generationen von Lanzaroteños mit auf den Weg gegeben hat.

César Manriques Werke sind überall auf der Insel zu bewundern

César Manrique wurde 1919 in Arrecife geboren. Er studierte Malerei in Madrid und eröffnete mit 23 die erste Ausstellung in seiner Geburtsstadt, unterstützt von Pepin Ramírez, einem Freund der Familie, der zu einem seiner wichtigsten Förderer wurde.

Manriques Frühwerk war stilistisch und inhaltlich konventionell. Viele seiner Werke thematisieren die Insel und ihre Bewohner. Als sich in den 1950er-Jahren der Surrealismus Bahn brach, wurde er zum Fackelträger der Bewegung und eröffnete die erste Galerie Spaniens für nicht gegenständliche Kunst. Er machte sich alsbald einen Namen, und 1964 lud ihn Nelson Rockefeller, der einige seiner Arbeiten gekauft hatte, ein, in den USA auszustellen. Manrique zog nach New York, wo er eine seiner besten Schaffensperioden erlebte, bis ihn nach zwei Jahren die Sehnsucht wieder in die Heimat trieb.

Pepin Ramírez war inzwischen Präsident der Inselregierung, des Cabildo Insular, und er unterstützte die visionären Ideen seines Freundes.

Um zu verhindern, dass die Insel wie andere aufstrebende Urlaubsregionen (darunter auch Gran Canaria und Teneriffa) von Massentourismus und Konsumdenken erfasst wurde, stellten Manrique und Ramírez eine Reihe von Richtlinien auf, die bis heute befolgt werden. Am meisten ins Auge fällt gewiss das Verbot von Werbetafeln, Strommasten und Hochhäusern; alle Neubauten müssen der traditionellen Architektur der Insel entsprechen, die Wände müssen weiß getüncht sein, Fenster und Türen grün oder braun im Landesinneren beziehungsweise blau an der Küste. Nach Manriques Überzeugung ist dieser Stil das Ergebnis jahrhundertelanger Erfahrung mit dem Klima und einer harmonischen Balance zwischen Mensch und Natur, die es zu erhalten gilt. Lange bevor es dafür einen Namen gab oder überhaupt jemand darüber nachdachte, predigte Manrique bereits die Nachhaltigkeit.

»Der Mensch muss sich behutsam in die hintersten Winkel der Natur einfügen, um das wahre Wesen des Lebens zu begreifen. Ich will nichts weiter als ein Teil der Natur werden, damit sie mir und ich ihr helfen kann.«

Bereits in New York hatte Manrique begonnen, seine sieben eindrucksvollen Sehenswürdigkeiten (heute als Centros de Arte, Cultura y Turismo bekannt) zu konzipieren. Die Entwürfe für die Jameos del Agua schickte er per Post an Ramírez. »Träume, welche die sublime natürliche Schönheit Lanzarotes einfangen«, das sollten seine Arbeiten werden. In den folgenden zehn Jahren entstanden so das

Am Straßenrand: Mobiles von César Manrique

Museo Internacional de Arte Contemporáneo im Castillo de San José (► 85), die Cueva de los Verdes (► 62), der Mirador del Río (► 65), das El-Diablo-Restaurant in Timanfaya (► 105), die Casa Monumento al Campesino und der Jardín de Cactus (► 63). Aber auch andernorts verwirklichte Manrique größere Projekte: den Lago Martiánez in Puerto de la Cruz auf Teneriffa, die miradores (Aussichtspunkte) auf El Hierro und La Gomera sowie La Vaguada, ein großes Einkaufszentrum in Madrid.

»Auf Lanzarote haben wir mit äußerster Hingabe gearbeitet, in engem Kontakt zur Geologie, und schufen mit Rücksicht auf ihre besondere Zusammensetzung und ihr vulkanisches Wesen das Wunder einer neuen Ästhetik.«

Manrique, zitiert aus: In seinen Worten von *Fernando Gomez Aguilera*

Bald war Manrique so bekannt und von Fans belagert, dass er nicht mehr ungestört arbeiten konnte, und so verließ er 1988 sein berühmtes Haus in Taro de Tahiche (► 94f) und zog nach Haría. Das Haus beherbergt seither die Fundacion César Manrique. Noch mit über siebzig Jahren arbeitete der Künstler so produktiv wie eh und je. 1992 wurde er, kaum 50 m von seinem Haus entfernt, von einem Auto überfahren. Sein schlichtes Grab befindet sich in Haría.

Guanchen und Konquistadoren

Als der Genueser Seefahrer Lancelotto Malocello 1312 nach Lanzarote kam, erwartete ihn ein erstaunliches Bild: Die Menschen, die hier lebten, schienen kaum der Steinzeit entwachsen. Sie selbst nannten ihre Insel Tyteroygaka (oder Titeroyugatra), »roter Berg«. Der offizielle Name »Lanzarote« ist die spanische Version von Lancelotto.

Malocello blieb nicht lange, und der Grund für den Besuch des ersten Europäers ist nach wie vor ein Rätsel. Der normannische Baron Jean de Béthencourt, der ein Jahrhundert nach ihm auf die Kanaren kam, hatte zwei klare Ziele im Kopf, ein geschäftliches und ein religiöses. Er wollte zum einen den legendären »Goldenen Strom« aus der Sahara finden und zum anderen die einheimischen Guanchen zum Christentum bekehren.

Béthencourts Priester trafen auf ein friedliebendes Volk mit hohen moralischen Werten. »Geh hinaus in die Welt, du wirst nirgends ein edleres Volk finden …ihre klugen Köpfe erfassten wendig unsere Anweisungen.«

Jean de Béthencourt kam im 15. Jh. auf die Insel

Weiter heißt es in der Chronik: »Die Insel hat viele Dörfer und ansehnliche Häuser und war wohl dicht besiedelt, doch die Spanier und andere Korsaren sorgten mit vielen Kaperfahrten dafür, dass Béthencourt kaum noch 300 Bewohner antraf, die er mit großer Mühe und nach vielen Fehlschlägen mit Gottes Hilfe taufen konnte.

Die Insulaner sind eine edle Rasse. Die Männer gehen fast nackt, von einem Umhang abgesehen, der ihnen bis zu den Schenkeln reicht … Die Frauen sind schön und bescheiden. Sie tragen bodenlange Gewänder aus Leder.«

Andere Forscher erwähnen, dass ihr Haar lang war, dass die Männer geflochtene Bärte trugen und ihre Kleidung aus Ziegenleder gefertigt war.

Alexander von Humboldt, Naturforscher, Geograf und Kanaren-Experte, berichtet von seiner Reise 1799:

»Als die Spanier kamen, war (Lanzarote) den anderen kanarischen Inseln im Grad der Zivilisation weit voraus. Die Bewohner hatten bereits Häuser aus losem Stein (ohne Zement, Mörtel oder Kalk), während die Guanchen von Teneriffa noch in Höhlen hausten.«

Alexander von Humboldt (1769–1859)

Unselige Wendung

Eine blutige Eroberung lag vermutlich nicht in Béthencourts Absicht, doch er konnte nicht verhindern, dass sich der Lauf der Dinge auf fatale Weise verselbstständigte. Nachdem er nahe dem heutigen Playa Blanca (➤ 111) gelandet war, traf er den König

der Insel, Guardafía, und schloss einen Freundschaftspakt mit ihm.

Kurz darauf segelte er nach Spanien zurück, um für eine Erkundungsreise nach Fuerteventura Verstärkung zu holen, und ließ seinen stellvertretenden Kommandanten Gadifer de la Salle zurück.

Während sich Gadifer auf Los Lobos aufhielt, desertierten einige seiner Männer und nahmen Eingeborene als Sklaven.

Die aufgebrachten Insulaner töteten daraufhin ein paar von den Fremden. Als der Kommandeur zurückkehrte, schwor er Rache und veranstaltete ein Massaker. Die Überlebenden wurden in die Sklaverei verschleppt. König Guadarfía kapitulierte schließlich freiwillig zusammen mit einigen seiner Getreuen und durfte sein Land behalten.

Der Überlieferung nach soll Guadarfías Tochter den Neffen und Nachfolger von Jean de Béthencourt, Maciot de Béthencourt, geheiratet haben, aber vermutlich nur, um der Sache ein versöhnliches Ende zu bereiten. Leider gab es aber kein Happyend – denn als eine seiner ersten Amtshandlungen verkaufte Maciot Lanzarote an Portugal. Die enttäuschten und wütenden Insulaner freilich vertrieben die Portugiesen, und Maciot wurde daraufhin abgesetzt.

Guanchen, frühe Bewohner der kanarischen Inseln

Die frühen Inselbewohner

Die Guanchen sind nicht die Ureinwohner des Archipels. Diese Ehre gebührt afrikanischen Berbern, die sich 3000 v. Chr. auf den Inseln ansiedelten. Die Guanchen, die frühestens im 1. oder 2. Jh. n. Chr. anlandeten, hatten möglicherweise mit diesen Immigranten Kontakt, ihre Herkunft aber ist ungewiss.

Spanien gewinnt

Hätte der französische Hof Jean de Béthencourts Abenteuer finanziert, würde auf den Kanaren heute vielleicht Französisch und nicht Spanisch gesprochen. Nachdem Frankreich jedoch die Mittel verweigerte, ging der normannische Ritter nach Kastilien, wo man ihm Unterstützung versprach, wenn man im Gegenzug die eroberten Gebiete als Besitzungen erhielte.

ESSEN UND TRINKEN

Die kanarische Küche ist vom Wasser ebenso geprägt wie vom Land. Typisch sind herzhafte Eintöpfe, aber auch gegrillter Fisch. In Teilen von Puerto del Carmen und Costa Teguise wird zunehmend international gekocht, doch zum Glück bieten die meisten Restaurants der Insel noch immer eine Mischung aus spanischer und kanarischer Küche an.

Mojo und Papas

Eine besondere Spezialität der Kanaren sind *mojo picón* und *mojo verde*. Die »pikante Sauce« besteht aus Chilischoten, Knoblauch, Kreuzkümmel, Paprika und Essig; sie wird kalt meist zu Fleisch und papas arrugadas gereicht, »runzligen Kartoffeln« – einem weiteren Hauptbestandteil der kanarischen Küche: kleinen frischen Kartoffeln, die mit reichlich Meersalz gekocht und serviert werden. Sie sind fast immer köstlich und selten zu salzig. Die »grüne Sauce« ist eine milde Variante der *mojo picón*: Statt Chili enthält sie Koriander und begleitet immer Fischgerichte.

Spezialitäten: Fleisch und Käse

Fleisch und Käse stammen vorrangig von der Ziege. *Queso de cabra* (Ziegenkäse) ist eine beliebte Vorspeise, meist in Verbindung mit aufgeschnittenen Tomaten. Manchmal bekommt man ihn auch paniert mit Quittenmarmelade (*membrillo*), Palmenhonig (*miel de palma*) oder mojo verde. Suchen Sie unter »Spezialitäten« nach *cabrito*; das Kitz wird entweder gegrillt, gebraten oder als Eintopf (*compuesta*) serviert.

Fast immer können Sie draußen essen – und meist steht frischer Fisch auf der Speisekarte

Manche Restaurants bieten Sonntagmittag Ziege oder Kitz als Eintopf an; meist muss aber vorbestellt werden. Auch Lamm wird sonntags gern gegessen. Kaninchen (*conejo*) ist ebenfalls beliebt; es wird gegrillt oder als Schmorgericht mit Tomaten (*al salmorejo*) zubereitet. Die Steaks sind im Allgemeinen von guter Qualität; meist stammen sie aus Argentinien. Einige Restaurants stellen sie roh in Kühlkammern aus.

Fisch und Meeresfrüchte

Das billigste Fischgericht auf der Speisekarte sind meist Sardinen. Es empfiehlt sich jedoch, etwas mehr auszugeben, für *cherne* (Zackenbarsch), *vieja* (Papageifisch), *sama* (Rotbrasse) oder *gallo*, *mero* und *viuda*, einheimische Fischarten. Ebenfalls beliebt sind atún (Tunfisch), *pez espada* (Schwertfisch), *merluza* (Seehecht) und *lenguado* (Seezunge).

Meist bekommt man Fisch gegrillt oder frittiert. Aufwändiger sind Zubereitungen mit Meersalz (das vor dem Servieren entfernt wird) oder Fischeintöpfe, entweder *à la zarzuela* (oder *cazuela*), eine Variante vom spanischen Festland auf Tomatenbasis mit Meeresfrüchten, oder als typisch kanarischer *sancocho*, mit Pökelfisch (Kabeljau) und Kartoffeln.

Beliebt als warme Vorspeise sind die spanischen *gambas al ajillo* (Garnelen in würziger Knoblauch-Tomaten-Sauce oder

Vorspeisen und Tapas

Albóndigas (Fleischbällchen)
Calamares (frittierter Tintenfisch)
Chorizos al vino tinto (Paprikawurst in Rotwein)
Gambas (Garnelen)
Jamón serrano (luftgetrockneter Schinken); *pata negra* ist die beste und teuerste Sorte
Mejillones (Muscheln)
Pimientos (Paprika) mit verschiedenen Füllungen. Die scharfe Variante heißt *Pimientos de padrón.* Gelegentlich werden sie mit geschmolzenem Käse serviert.
Pulpo (Oktopus)
Tortilla (Kartoffel-Omelett)

scharfem Olivenöl) und das spanische Nationalgericht Paella mit Muscheln, Garnelen oder Kaninchen. Probieren Sie *lapas* (Napfschnecken), die ähnlich wie Muscheln, aber fleischiger und erdiger schmecken.

Räucherlachs ist zwar nicht inseltypisch, wurde aber durch die Lachsräucherei in Uga (➤ 116) bekannt und findet sich heute auf den Speisekarten gehobener Restaurants. Weniger verbreitet, aber nicht minder köstlich ist geräucherter Tunfisch.

Süßspeisen

Das Angebot an *postres* (Desserts) beschränkt sich meist auf flan (die unvermeidliche spanische Karamelcreme) oder *helado* (Eis). Halten Sie Ausschau nach *frangollo*, bestehend aus *gofio* (➤ unten) und in Sirup eingelegtem Trockenobst. Gut sind auch:

Besuch bei einem einheimischen Winzer

bienmesabe (honigzähe Paste aus gemahlenen Mandeln, Eigelb und Zucker), häufig serviert mit Eis oder Bananen; *leche asada* (»gebackene Milch«), eine Art Zitronenflammeri; leche frita (»gebratene Milch«), ähnlich der Karamelcreme; *gofio mousse* (► unten).

Vegetarisches

Von Fischgerichten abgesehen, bekommt man in einheimischen Restaurants praktisch nichts ohne Fleisch. Sogar *potaje de berros* (Brunnenkressesuppe) oder *garbanzos compuestos* (Kichererbseneintopf) enthalten Speck oder Schweinefleisch. Es gibt jedoch inzwischen ein paar Restaurants, die interessante vegetarische Abwandlungen von spanischen oder einheimischen Rezepten anbieten.

Ohne Gofio geht nichts

Das Mehl aus geröstetem Getreide (Gerste, Mais oder Weizen) gehört seit den Zeiten der Guanchen fest zur kanarischen Küche (► 13ff). Die Einheimischen essen es als eine Art Brei oder Polenta oder verwenden es zum Andicken von Suppen und Eintöpfen. Hin und wieder findet man es auch in Touristenrestaurants als *gofio escaldado* (auf Fisch), *helado de gofio* (Gofioeis) oder *mousse de gofio.*

Und dazu trinkt man ...

Auch wenn der Weinbau auf der Insel eine lange und berühmte Tradition hat, stammen die Weine, die angeboten werden, zumeist vom spanischen Festland – weil der Inselwein kein Massenprodukt und deshalb teuer ist und außerdem die irrige Meinung vorherrscht, er sei zu süß. Als Weißwein zum Essen eignet sich besonders der *malvasia seco* oder *semi-seco*, und es gibt sogar Rotweine von der Insel.

Ungewöhnlicher Anblick: Fisch, zum Trocknen aufgehängt

In den Bodegas und den Weinlokalen (► 67 und 108) können Sie nach Herzenslust probieren (► 69 und 108).

Weitere kanarische Spezialitäten

Potaje oder *puchero canarias* – herzhaftes Schmorgericht, ähnlich einem Eintopf, mit Fleisch und Gemüse, das in der Regel mit Gofiobällchen serviert wird.

Rancho canario – ein Eintopf aus Fleisch, Kartoffeln, Kichererbsen, Tomaten und Nudeln

Ropa vieja – wörtlich »alte Kleider«, Eintopf aus Fleisch, Kichererbsen und Gemüse, das der Küchenchef gerade zur Hand hat.

ZU LANDE, ZU WASSER UND IN DER LUFT

Fliegen

Wenn Sie in die Krater von Timanfaya schauen möchten, über der Caldera Blanca (dem größten intakten Krater des Archipels) schweben, in das Urlaubsdomizil des spanischen Königs spähen oder wissen möchten, woher der Name Arrecife kommt (nämlich von den Riffen vor der Küste, die einen natürlichen Hafen bilden) – dann müssen Sie in die Luft. Sie haben zwei Möglichkeiten. Der Flug mit dem Helikopter ist sanfter und vor allem nervöse Passagiere fühlen sich hier sicherer. Bis zu sechs Personen können an dem 30-minütigen (176 Euro) oder 50-minütigen (276 Euro) Flug teilnehmen. Ein Flug mit der Einpropeller-Viersitzer-Cessna von Lanza Air, der bestimmt ebenso aufregend ist, kostet für eine Stunde mit zwei oder drei Personen 250 Euro.

Heli Tourservice, Lanzarote Airport, Arrecife, Tel. 676 701 693, www.excursiononline.com

Lanza Air, Tel. 928 590 533, www.lanzarote.com/lanzaair

Ein Rumpf oder zwei?

Die beste Auswahl an Booten finden Sie im Yachthafen Puerto Calero südlich von Puerto del Carmen. Wir empfehlen einen Tag an Bord der Catlanza (www.catlanza.com), einem 23-Meter-Luxus Katamaran. Die gut gelaunte englisch irisch-kanarische Crew bringt Sie zu den Papagayo-Stränden (► 109). Hier können Sie Jetski fahren und mit etwas Glück sogar mit Delfinen schnorcheln (Tel. 928 513 022 bzw. 609 667 246, www.catlanza.com). Wenn Sie an einem normalen Segeltrip interessiert sind, fragen Sie einfach am Hafen nach - am besten beginnen Sie bei McSorley's mit der Suche. Dort finden Sie bestimmt jemanden, der Sie mitnimmt. Es ist eine gute Gelegenheit, von einer freundlichen, erfahrenen Crew viel über das Segeln zu lernen. Für Gruppen sind Boote auch tageweise zu chartern.

Es gibt viele Möglichkeiten, das Meer zu erkunden

Nicht verschaukeln lassen!

Es gibt nur ein Reittier, das mit dem Klima und den zerklüfteten Flanken der Feuer-

berge von Lanzarote zurechtkommt – das Kamel bzw. Dromedar. Der jochartige Doppelsattel, der Passagiere zu beiden Seiten des Tieres trägt wie Gepäck, heißt *la silla inglese* (englischer Sessel), weil er für sattelwunde Touristen erfunden wurde, und im 19. Jh. kamen vor allem Engländer hierher.

Sie werden nicht wie Lawrence von Arabien aussehen, aber Sie werden auch nicht herunterfallen. Wann hat man schon mal die Gelegenheit, sich auf einem Dromedar auf einen Vulkan schaukeln zu lassen? (► 6ff).

Sicher im Sattel: Kamelreiten oder Radfahren

Tauchen, tauchen, tauchen!

Bei blauem Himmel und klarer grüner See fehlt eigentlich nur noch ein gelbes U-Boot. Und genau das wird bei Submarine Safaris in Puerto Calero angeboten. Die SubFun3 ist 18,5 m lang, 4 m breit und wiegt 106 Tonnen. Sie kann bis zu 60 m tief tauchen und hat Platz für 48 Passagiere und Crew. Die 22 großen Bullaugen sind jeweils mit einem eigenen Bildschirm ausgestattet, der unterschiedliche Blickwinkel bietet und auf einem digitalen Display ständig Informationen über das U-Boot anzeigt. Der Tauchgang dauert etwa eine Stunde, während der ein Reiseleiter die unterschiedlichen Lebewesen erläutert. Ein Begleittaucher mit Futter sorgt währenddessen dafür, dass viele verschiedene Fische vorbeischauen. Das Wrack eines kürzlich gesunkenen Schiffs ist auch zu sehen (Tel. 928 512898 oder 928 512906; www.submarinesafaris.com).

Aufs Bike und los

Selbst für erfahrene Radler ist es ein Härtetest – aber wenn Sie einmal gesehen haben, wie die Radsportler vom Club La Santa in ihren knallbunten hautengen Trikots über Lanzarotes Straßen surren, wollen Sie es ihnen nachtun.

Mitten in der eintönigen, urzeitlichen Landschaft leuchtend bunte Hightech-Geräte des 21. Jahrhunderts – der Kontrast ist einfach umwerfend. Die besten Leihräder - bekommt man bei Ciclomania in Arrecife (► 96).

Vom Land leben

»Seltene Früchte und Rohstoffe«

In Lanzarote fällt weniger Regen als in Teilen der Sahara, die fruchtbarsten Felder der Insel wurden durch die Vulkanausbrüche in den 1730er-Jahren zerstört, und neue Technologien haben alte Einnahmequellen verdrängt. Und doch bebauen die *campesinos* (Bauern) unbeirrbar ihr Land und vollbringen Tag für Tag kleine Wunder.

Koschenille, Karmin und Campari

Das erste Buch über die Kanarischen Inseln wurde 1583 von Thomas Nichols verfasst und trug den Titel: *Eine gefällige Beschreibung der gesegneten Inseln mit Namen Kanaren mit ihren seltenen Früchten und Rohstoffen.* Darin erwähnt wird die begehrte *orcella*, eine Flechtenart, aus der Pflanzenfarbe gewonnen wurde, eine Handelsware seit den Zeiten der Konquistadoren. Die violette Färbeflechte wurde abgelöst vom Karmin, das aus der Körperflüssigkeit der Koschenillelaus gewonnen wird. Die Laus lebt auf einer bestimmten Kaktusart, die Mitte des 19. Jhs. eigens aus Mexiko importiert wurde, wo schon in vorkolumbianischer Zeit Karmin hergestellt wurde. Im 19. Jh. wurde das Karmin (oder die Koschenille) in großen Mengen an die europäische Textilindustrie geliefert. Eine Zeit lang bildete dieser Export die Grundlage für die Wirtschaft der Insel; gegen Ende des Jahrhunderts aber, als neue billigere Färbemittel entwickelt wurden, brach der Markt zusammen. Karmin wurde als Farbstoff in Lebensmitteln verwendet (Würstchen, Pasteten, Krabben, Süßwaren, Marmeladen, Maraschinokirschen), in der Kosmetik (Lippenstift und Rouge) sowie in Getränken. In letzter Zeit erfährt der Karminmarkt vor allem in der Lebensmittelindustrie so etwas wie ein Comeback, seit die künstlichen Farbstoffe im Verdacht stehen, krebserregend zu sein. Einige bekannte Markenartikel enthalten heute noch bzw. wieder Karmin, etwa Campari oder der rubinrote Grapefruitsaft von Tymbark. Zentrum der Koschenilleproduktion ist Guatiza (► 63).

Hufeisenförmige Mäuerchen schützen die Reben vor dem Wind

Salzhandel

Seit Jahrhunderten wird auf Lanzarote Salz aus dem Meer gewonnen; seit dem 16. Jh. ist die Fischereiflotte von Arrecife Hauptabnehmer. Günstigerweise erlebte der Salzhandel weltweit einen Boom, als auf Lanzarote der Karminmarkt einbrach. Die Salzpfannen der Insel standen nicht mehr still – in den Salinas de Janubio (► 110) am Fuß des Mirador del Río, in Puerto Naos, Arrecife und an vielen anderen Orten. Mit der Entwicklung der Tiefkühlung sank der Bedarf an Salz freilich rapide, und heute sind nur noch die Salinas de Janubio in Betrieb.

Leben aus der Vulkanasche

Die verheerenden Vulkaneruptionen zwischen 1730 und 1736 (► 6) hatten fast das gesamte Ackerland zer-

stört, doch alsbald fiel den erstaunten Bauern auf, dass überall zwischen den *picón* (Lavakörnchen) neues Grün emporwuchs.

Dank seiner porösen Struktur speicherte der vulkanische Boden die Feuchtigkeit des Taus und gab sie nach und nach an die Wurzeln der Pflanzen ab, die teils von mehreren Metern mächtigen Lavaschichten bedeckt waren.

Um die Pflanzen vor dem Wind zu schützen, errichteten die Insulaner damals aus den Lavabrocken, die in großen Mengen überall herumlagen, hufeisenförmige, etwa 1 m hohe Trockenmauern – die so genannten *zocos*, die heute überall auf der Insel anzutreffen sind, insbesondere in der fruchtbaren Weingegend von La Geria (► 107).

Doch nicht nur Weinreben gedeihen in dem schwarzen vulkanischen Boden. Halten Sie die Augen offen, wenn Sie um Femés, Los Valles und Haría herum unterwegs sind, dann werden Sie sehen, wie alte Männer und Frauen auf für uns ungewöhnlichen schwarzen Lavafeldern, die Kartoffeln, Zwiebeln, Kürbisse, Wassermelonen und manch anderes Obst und Gemüse pflanzen oder ernten – von Hand, wie sie es bereits seit Jahrhunderten tun.

Landwirtschaftliche Flächen gliedern die Landschaft von Guinate

Ernte zu Wasser (links) und an Land (oben)

SPORT

Nennt man *Lanzarote* und Sport in einem Atemzug, bekommt man meist die Antwort »Club La Santa«. Doch die Insel hat an Sportmöglichkeiten mehr zu bieten als diese berühmte Anlage.

Club La Santa

Der Club La Santa wurde 1983 als Sportzentrum errichtet und ist eine der größten Anlagen seiner Art in Europa (www.clublasanta.com). Seine Angebote sind für die eigenen Gäste reserviert, doch es gibt zwei Großveranstaltungen im Jahr mit freier Teilnahme. Der Lanzarote-Marathon im November oder Dezember ist sowohl Spaßlauf als auch ernsthaftes Sportereignis in einem: Viertelmarathon, Halbmarathon, »Minimarathon« für Kinder und der 42,2 km lange klassische Marathon ziehen Läufer aus ganz Europa an (www.lanzarotemarathon.com).

Das größte Ereignis des Jahres ist der Ironman-Triathlon, der zum ersten Mal 1992 stattfand und heute rund 1200 Sportler anlockt: 3,8 km Schwimmen, 180 km Radfahren und zum Schluss noch ein Marathon, ohne Pause hintereinander, versteht sich. Trotz des Macho-Namens können auch Frauen am Wettbewerb teilnehmen.
Die Veranstaltung findet im Mai um den Ort Puerto del Carmen herum statt (www.ironmanlanzarote.com).

Beim Ironman helfen rund 2000 Freiwillige, ein paar Tage lang gibt es auf der Insel kein anderes Thema, und sogar das internationale Fernsehen ist vor Ort.

Sportangebote und Veranstalter siehe »Wohin zum ... Ausgehen?« unter den entsprechenden Regionen.

Lanzarote ist berühmt für seine Wassersportangebote

Windsurfen

Für die Kanarischen Inseln waren Wind und Dünung von jeher sowohl Fluch als auch Segen. Für erfahrene Surfer ist Lanzarote einer der besten Plätze Europas, denn zwischen Bergen oder kleinen Inseln entstehen Beschleunigungszonen, deren Sogwirkung die Windstärke verdreifachen kann.

Im Sommer weht der Wind mindestens 25 Tage im Monat heftig, doch im Winter oder in geschützten Buchten ist er schwächer, und so ist Lanzarote auch für Anfänger eine gute Adresse, nicht zuletzt wegen der guten Lehrer. Am besten gehen Sie nach Costa Teguise, wo seit über zehn Jahren im Juli die Weltmeisterschaft im Windsurfen stattfindet.

Surfen und Kiteboarding

Viele Surfer holen sich am langen, ursprünglichen, windumtosten Strand von Famara ihre Kicks, besonders in den Wintermonaten (Oktober bis März), wenn der Wind schwächer und die Wellen höher sind. Auch die Isla la Graciosa ist bei Surfern beliebt.

In Famara können Sie auch den aufregenden neuen Sport Kiteboarding ausprobieren, eine Mischung aus Windsurfen, Wake-boarding und Paragliding. Die Kitesurfer lenken ein Segel, das sie mit einer Geschwindigkeit von bis zu 70 km/h über das Wasser zieht. Könner fliegen bis zu 15 m

hoch in die Luft und vollführen allerlei Kunststücke, ehe sie 70 m weiter wieder herunterkommen. Sie müssen nicht surfen können, um Kiteboarding anzufangen, aber es ist durchaus hilfreich. Wichtiger ist, dass Sie mit dem Stuntkite umgehen können und die Natur des Windes verstehen; besonders stark müssen Sie nicht sein, denn ein Geschirr fängt den Zug der Leinen ab.

Hochseeangeln

Für Hochseeangler ist Puerto Calero der ideale Ort. Tunfisch, Dorade, Gelbschwanz-Drachenkopf, Mahi-Mahi, Wahoo oder Marlin – die Boote kehren regelmäßig mit Trophäen oder zumindest mit Fotos in den Hafen zurück. Exemplare mit Weltrekord verdächtigem Gewicht wurden hier schon gefangen, und beim Puerto Calero Fishing Tournament, das jährlich im September stattfindet, starten 50 Boote auf der Jagd nach der Traumbeute eines jeden Sportfischers: dem Blauen Marlin, der bis zu 200 Kilo auf die Waage bringen kann.

Golf

Golf Costa Teguise, direkt im Norden des Ortes, ist bislang die einzige 18-Loch-Anlage der Insel. Zwei weitere Golfplätze befinden sich im Bau.

Die Anlage ist ein malerischer 18-Loch-Court (Par-72-Kurs), bepflanzt mit Kakteen und über 3000 Palmen, direkt am Fuß eines Vulkans und mit Blick aufs Meer.

Hier ist man auch als Nichtmitglied willkommen; ein Handicap ist nicht erforderlich. Angeboten wird auch Golfunterricht.

Es gibt eine Driving Range sowie Pitch- und Putting-Greens sowie einen gut sortierten Ausrüstungsverleih (Tel. 928 590 512, www.lanzarote-golf.com).

Urlauber kommen nicht nur wegen des Wassers nach Lanzarote

Mehr über Windsurfing, Surfing und Kiteboarding, auch Pauschalangebote, finden Sie unter www.surflanzarote.com.

Karneval und Fiesta

Wie es sich für Südländer gehört, feiern die Insulaner ausgelassen Karneval – aber auch andere Fiestas sollten Sie sich nicht entgehen lassen.

Der *Carnaval* (wie man vor Ort sagt) hat seine Hochburgen in Arrecife, Puerto del Carmen und Teguise, doch gefeiert wird überall auf der Insel. Jedes Jahr rund neun Wochen vor Ostern (meist im Februar oder Anfang März) beginnt das Spektakel mit der *Verbena de la Sábana* (Betttuch-Party), bei der als Körperhüllen nur Laken zugelassen sind. Danach werden die Karnevalskönigin und die Kinderkönigin gewählt. Höhepunkt des bunten Treibens ist der Freitag vor dem eigentlichen Karnevalssonntag, wenn die Drag Queen gekürt wird (beim Carnaval verkleiden sich die Männer immer als Frauen). Am Samstag folgt der Umzug mit Dutzenden bunter Wagen. Über allem liegt unablässig der treibende Beat des Salsa, getränkt aus unerschöpflichen Quellen von *cuba libre* (Rum mit Cola), den man an jedem Kiosk bekommt.

In Teguise sind die gruseligen *diabletes* (»kleine Teufel«) die Stars; ausgerüstet mit Stiermaske samt Zunge und

Ob Karnevalskönigin oder Drag Queen: Ausgefallen muss es sein

Hörnern, tragen sie Jacke und Hose aus weißer Baumwolle, die mit roten und schwarzen Rauten bemalt und mit Glöckchen benäht sind. Mit einem Beutel aus Ziegenleder, der an einem Stock befestigt ist, »drohen« sie den Kindern. In Arrecife gibt es die jahrhundertealte Tradition der *Parranda de los Buches:* Maskierte Männer in traditionellen Kostümen singen, tanzen und schlagen dabei Zuschauer mit einem buche (Fischmagen oder -blase, aufgeblasen und an einem Stock befestigt). *Parranda* bedeutet so viel wie »Prasserei, Gelage«. Das sonderbarste aller Rituale aber ist die Beerdigung der Sardine, *El Entierro de la Sardina,* Symbol für das Ende des Carnaval und den Beginn der Fastenzeit.

Am Aschermittwoch wird in einem »Trauerzug« eine riesige Pappmachésardine durch die Straßen getragen, begleitet vom Johlen und Heulen schwarz gekleideter »Trauergäste«. Am Zielort im Hafen angekommen, wird in der Figur ein Feuerwerk entzündet, das sie buchstäblich in Stücke reißt.

Viva la Fiesta!

Mittelpunkt der meisten Fiestas ist ein Umzug, bei dem ein Heiligen- oder Marienbild auf den Schultern durch die Straßen getragen wird. Dazu spielen Musiker in traditionellen Kostümen auf. Bei den größeren Fiestas gibt es auch Umzugswagen, Imbissstände und Feuerwerk. Die schönsten sind:

Cabalgata de Los Reyes Magos (Parade der Heiligen drei Könige) am 5./6. Januar, die spanische Entsprechung zu unserem Weihnachtsfest, mit Geschenken und Festessen. Die Feiern in Teguise sind besonders farbenfroh.

Corpus Christi im Juni (das Datum variiert, bei der Touristeninformation in Arrecife nachfragen, Tel. 928 811 762). Gefeiert wird überall auf der Insel, am schönsten jedoch in Arrecife und in Teguise – mit Teppichen aus Salzblumen um die Kirchen. Andernorts in Spanien werden echte Blumen verwendet, doch hier macht man mit Geschick und Einfallsreichtum aus der Not eine Tugend.

Achtung vor Neckereien bei der *Parranda de los buches*!

In Arrecife finden den ganzen August über Feste statt.

San Juan, in der Nacht vom 23. auf den 24. Juni. Das Fest des hl. Johannes ist verbunden mit einer alten heidnischen Tradition: den Sonnenwendfeuern. Dabei werden riesige Lagerfeuer entzündet und eine das Böse darstellende Figur verbrannt. Eine gute Adresse für dieses Fest ist Haría.

Nuestra Señora del Carmen, in der zweiten Julihälfte. Das Fest ist der Schutzpatronin der Fischer gewidmet. In Puerto del Carmen, Playa Blanca und Caleta del Sebo (auf La Graciosa) gibt es Prozessionen aus bunt geschmückten Booten um eine Marienstatue.
In Teguise wird ein ausgelassenes Volksfest gefeiert mit Umzügen, kanarischem Ringkampf und Kunsthandwerk.

Nuestra Señora de los Dolores, Mitte September. Zum Dank für die Errettung vor den Vulkanausbrüchen des Jahres 1824 (➤ 8) ziehen alljährlich am 15. September Pilger zur Pfarrkirche von Mancha Blanca.

Anschließend wird ein ausgelassenes Volksfest mit Vertretern der anderen Kanarischen Inseln gefeiert. Zur gleichen Zeit findet in der Ortschaft eine Kunsthandwerksmesse statt.

Traditionelle Volkstänze finden das ganze Jahr über statt

Tipps

Wenn Sie in der Karnevalszeit nach Lanzarote wollen, bereiten Sie sich aufs Feiern vor und bringen Sie ein Kostüm mit – je schriller und bunter, desto besser.

Die genauen Termine finden Sie unter folgender Internetadresse: www.lanzarote.com/carnaval-en.html

INSEL DER PHANTASIE

Auf einer Insel, die Feuer spuckt und wo die Steinzeit bis ins 15. Jahrhundert fortdauerte, braucht man wenig Vorstellungsvermögen, um sich die absonderlichsten Szenarien auszumalen.

Lanzarotes Vulkanlandschaft hat schon oft fremde Planeten oder prähistorische Schauplätze »gedoubelt«; besonders beliebt sind die Regionen von Timanfaya und El Golfo. Berühmtestes Beispiel: die Hollywood-Trashproduktion von Hammer Films *Eine Million Jahre vor unserer Zeit* von 1966 mit Raquel Welch im Fellbikini. Der Streifen begründete ihren Ruf als Sexsymbol, die Plakate mit ihrem Konterfei erlangten Kultstatus. Der Film war Nonsens erster Güte – Höhlenmenschen bekämpfen Dinosaurier. Aber Filmfans aufgepasst: Bei der geführten Tour (► 103) dürfen Sie manchmal sogar in Raquels Höhle! Noch schlimmer wurde es mit der nächsten Hammer-Produktion der Studios *Als Dinosaurier die Erde beherrschten* (1971), weiblicher Star der Produktion diesmal: ein ehemaliges Playmate des Jahres. Die *Reise zum Mittelpunkt der Erde* (1976) war kaum besser; prügelnde Dinosaurier und Männer in Affenkostümen stehlen Kenneth More, einem britischen TV-Serienstar der 1950er- und 1960er-Jahre, die Schau.

Aber Lanzarote kam natürlich auch ins Fernsehen. 1984 wurden hier vier Folgen der englischen Sciencefiction-Kultserie *Doctor Who* gedreht; die Insel als Planet Sarn, Peter Davison als »der Doktor«. »Am liebsten denke ich«, erinnert er sich, »an den Dreh der zweiten Folge an einem sonnigen FKK-Strand. Ab 10 Uhr flanierten lauter nackte Deutsche vorbei, um einen Blick auf die TARDIS

Viele Kinofilme wurden hier schon gedreht, darunter *Geliebter Feind …*

… der berühmteste aber ist *Eine Million Jahre vor unserer Zeit* mit Raquel Welch

[Raum-Zeit-Maschine] zu erhaschen.«

1985 drehte Wolfgang Petersen (*Troja, Air Force One, In the Line of Fire, Das Boot* etc.) auf der Insel *Geliebter Feind (Enemy Mine)*: Ein Raumschiffoffizier von der Erde muss auf einem fremden Planeten notlanden und trifft dort auf einen feindlichen Alien. Um zu überleben, müssen die beiden zusammenarbeiten und werden sogar Freunde. Ist besser, als es klingt!

Der beste Stoff ist (noch) nicht verfilmt

Einer der ältesten Mythen, die sich um die Kanaren ranken, sollte mit Vorsicht genossen werden wie das Salz von Lanzarote: Die Insel soll, zusammen mit den Azoren, Madeira und Cap Verde, zu den höchsten Gipfeln des sagenumwobenen Inselreiches Atlantis gehören, das Göttervater Zeus zur Strafe für dessen Dekadenz einst zerstörte.

Die Guanchen gelten als Nachkommen der letzten Überlebenden dieser versunkenen Zivilisation. Lange, konische Pfeilermonumente aus rotem, schwarzem und weißem Stein werden von manchen als Vermächtnis der atlantischen Baukunst angesehen. Auf der archäologischen Stätte von Zonzamas wurde angeblich ein solches Monument gefunden – ein C14-Test zur genauen Datierung wurde allerdings bislang nicht gemacht …

HIGHLIGHTS AUF EINEN BLICK

Die beste Bustour

- Ruta de los Volcánes im Nationalpark Timanfaya (► 105). So sehen Sie am meisten vom Park. (Für andere Touren lieber ein Auto mieten.)

Die besten Wanderrouten

- Die geführte Tour von Canary Trekking in Timanfaya (► 9) und die geführte Termesana-Tour, ebenfalls Timanfaya (► 9). Die erste ist besser, aber die zweite kostet nichts.

Die schönsten Panoramablicke

- Mirador del Río (► 65): atemberaubender Blick auf La Graciosa
- Peñas del Chache (► 64): Blick auf Famara
- Castillo de Santa Bárbara (► 57): Blick auf Teguise und über die Insel
- Von Hubschrauber und Leichtflugzeug aus zu sehen (► 20): das Riff von Arrecife und der Nationalpark Timanfaya

Der beste Crashkurs in Vulkanologie

- Casa de los Volcánes in Jameos del Agua (► 59) oder geführte Tour von Canary Trekking in Timanfaya.

Die beste optische Täuschung

- Am Ende der Tour von Cueva de los Verdes (► 62) – mehr wird nicht verraten!

Die beste Aussicht beim Essen

- Jardín de Cactus (► 63): Blick über den ungewöhnlichsten Kaktusgarten der Welt
- »Balkonrestaurants« im alten Hafen von Puerto del Carmen: Blick auf Hafen und Meer

Genießen Sie Panorama, Meer und Kultur der Insel

- Altamar, Gran Hotel, Arrecife (► 90): Tafeln im Glaskasten, 17 Etagen über der Stadt

»Der schönste Nachtclub der Welt«

- Jameos del Agua (► 59) – laut César Manrique. Aber auch sein anderer Entwurf, Lagomar (► 67f), ist ziemlich einzigartig.

Die besten Bodegas (Winzer)

- La Geria in La Geria (► 108): Machen Sie eine Führung durch den berühmten Weinberg.
- El Grifo (► 67): gutes kleines Museum und einladender Probierbereich

Die besten Bodegas (Weinlokale)

- Bodega El Chupadero (► 108): sehr elegant und gemütlich
- Bodega-Restaurant/ Weinlokal in Puerto del Carmen (► 88): So muss es sein!
- Bodega Uga in Uga: Hier gibt es weder Speisekarte noch Preisaushang. Die intime Atmosphäre in einem wunderschön restaurierten Bauernhaus ist bestens geeignet für ein romantisches Tête-à-tête. Das Essen ist im Allgemeinen gut, aber man weiß nie, wie hoch die Rechnung wird (nur dass sie hoch wird). Tel. 928 830 147.

Die besten Strände

- Playa de Papagayo (► 09): Bilderbuchsandstrand
- Caletón blanco (► 65): ideal für Kinder

Der beste Tipp für 18- bis 25-Jährige

- Puerto del Carmen, Strandpromenade bei Nacht (► 81)

Nur Zeit für 1 ...

- Sehenswürdigkeit von César Manrique, dann die Jameos del Agua: Rita Hayworth nannte sie »das achte Weltwunder«.

Nur Zeit für 1 ...

- Museum, dann das Museo Etnográfico Tanit (► 86)

Das umstrittenste Gebäude

- Gran Hotel, Arrecife (► 92). Fällen Sie Ihr Urteil von der Bar im 17. Stock aus. Fin-

So werden auch heiße Tage erträglich – mit einem kühlen Getränk in einem der Cafés an der Küste

Links: Pause fürs Auto – die besten Aussichtspunkte erreichen Sie zu Fuß

den Sie immer noch, es sollte abgerissen werden?

Die schönste Neuerung
- Arrecife mit wunderschön restauriertem Stadtzentrum samt neuer Promenade. Guter Geschmack statt Beton!

Die schönste Stadt
- Teguise. Kommen Sie sonntags, wenn auf den Straßen der Teufel los ist, und dann noch einmal, um die historischen Gassen in aller Ruhe zu erkunden.

Die besten Adressen zum Essen im Freien
- Patio del Vino, Teguise (➤ 69): im Blumengarten eines Palais aus dem 15. Jh.
- Puerto Calero: direkt am Wasser, mit sehnsüchtigem Blick auf die Yachten

Das schönste Ambiente zum Essen
- La Tegala, Mácher (➤ 89)
- LagOmar, Nazaret (➤ 68)
- La Era, Yaiza (➤ 112)

Der beste Rückzugsort
- Isla Graciosa: einmal dort übernachten (➤ 66f)

Die beste Sportstätte
- Club La Santa (➤ 26; auch um Promi-Sportler zu sehen)

Die besten Wassersportstationen
- Tauchen: Puerto del Carmen
- Windsurfing: Costa Teguise
- Surfing: Famara

Der beste Ort zum Einkaufen
- Teguise, aber nicht auf dem Markt!

Die ungewöhnlichste Unterkunft
- Ferien in der umgebauten Zisterne Casa El Aljibe in Los Valles (➤ 71)

Das erstaunlichste Haus
- César Manriques Haus in Taro de Tahiche (➤ 54): Wer außer ihm konnte wohl aus fünf Löchern im Boden ein Designerobjekt machen?

Die schönsten Seefahrten
- Catlanza Katamaran (➤ 20)
- McSorleys Bar Regatta, falls Sie einen Platz auf der Yacht ergattern (➤ 89f)

Der beste Ort für alternative Ferien
- Tomaren hat ein holistisches Angebot.

Das unpassendste Zitat
- »Lanzagrotty«, Monty Python

Unbedingt meiden
- Aufdringliche Kundenwerber.

LANZAROTE MIT FAMILIE

Vom Strand abgesehen, hat die Insel für Kinder relativ wenig zu bieten, zumal wenn Sie kein Vermögen loswerden wollen. Erwachsene lassen sich in Timanfaya oder La Geria in atemloses Erstaunen versetzen, aber Kinder können mit Besichtigungstouren oft nicht viel anfangen.

Teures Plantschvergnügen

Mit nur einer längeren Wasserrutsche ist der AquaPark vor allem für kleinere Kinder geeignet.

Alle anderen Angebote machen Spaß, sind aber harmlos: Schwimmbecken, Boote, Trampoline, Spielplatz. Avenida de Teguise, Tel. 928 592 128, Urb. Costa Teguise; tägl. 10–18 Uhr; teuer.

Parque Natural de Recreo Las Pardelas

Die familienfreundlichste Sehenswürdigkeit der Insel. Die Inhaber Alison und Carlos begeistern sich für Lanzarotes Flora und Fauna und vermitteln das auf ihrem reizenden kleinen Hof auch ihren Besuchern. Man bekommt Gemüse, Salat und Brot, um die Tiere zu füttern, es gibt einen Abenteuerspielplatz und die Möglichkeit, auf Eseln zu reiten. Kinder können außerdem töpfern und andere kunsthandwerkliche Tätigkeiten ausprobieren – während sich Mama und Papa bei einem Glas Wein und Tapas entspannen.
Carretera Orzola–Yé 1 km, Tel. 928 842 545; tägl. 10–18 Uhr (Juli, Aug., Sept. bis 19 Uhr); Erwachsene mittel, Kinder von 2–15 preiswert.

Die Wild West Texas-Ranch (oben); Einwohner des Guinate Tropical Parks (links)

Rancho Texas

Genau das Richtige für jüngere Kinder ist dieser Wildwestzoo mit Vögeln, Kleintieren, Papageivorführungen sowie Greifvogel- und Krokodilschauen.

Täglich wird ein kostenloser Transfer von Puerto del Carmen und Costa Teguise aus angeboten, günstig ist die Fahrt von Playa Blanca.
Calle Noruega, Puerto del Carmen; Tel. 928 841 286, www.ranchotexaslanzarote.com; tägl. 9.30–17.30 Uhr; Eintritt ist teuer.

Eine Seefahrt, die ist lustig …

Damit die Fahrt nicht langweilig wird, bietet Marea Errota (► 116) Piratenspiele für die kleinen Passagiere an. Es gibt auch Glasbodenboote, aber leider ist im Wasser meist nicht viel zu sehen.

Besser, Sie fahren gleich mit einem richtigen U-Boot, auch wenn das sicherlich teurer ist, aber dann sehen Sie garantiert Fische oder Schiffswracks (► 73f).

Tropenpark Guinate

Herrlich gelegen zwischen Wasserfällen, Seen und Gärten, beherbergt dieser Park über 1300 exotische Vögel und einige putzige Kleintiere, darunter Nashornvögel, prächtig bunte Papageien und *turacos*. Freilich rechtfertigen die dürftige Papageienschau und der etwas zu klein geratene Spielplatz nicht die stolzen Eintrittspreise.
Guinate, Tel. 928 835 500; www.guinatepark.com; tägl. 10–17 Uhr; Erwachsene 14 Euro, Kinder (4–13 Jahre) 5 Euro.

Für Wasserratten

Um mit Wassersport zu beginnen, ist Lanzarote der richtige Ort. Ab zehn Jahren ist Unterricht in Windsurfing und Tauchen möglich. Der erste Schritt zum Surfen heißt Body- oder Boogieboarding; Kinder können damit beginnen, sobald sie sicher schwimmen können.

Bodyboards werden überall auf der Insel zum Kauf angeboten.

Manrique für Kinder

Jameos del Agua und Cueva de los Verdes (► 59ff) sind für Kinder die beste und anschaulichste Einführung in die außergewöhnliche Kunst von César Manrique; winzige weiße Tiefseekrebse, Monitore zum Anfassen in der Casa de los Volcánes, und die Chance, sich wie ein prähistorischer Höhlenbewohner zu fühlen – das ist genau das Richtige für kleine, neugierige Forscher!

Possierliche Tiere und Wasserspaß

Erster Überblick

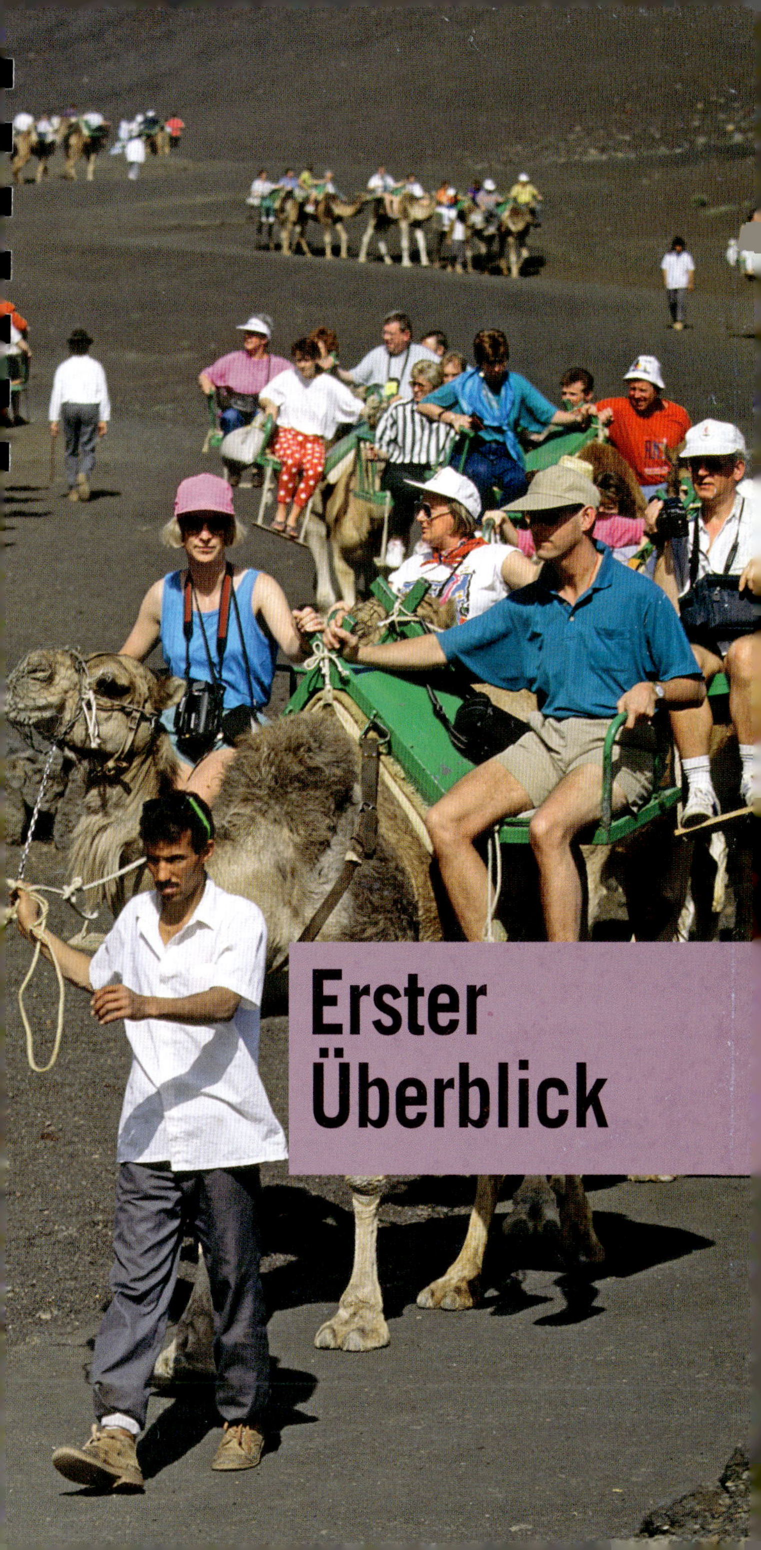

Ankunft

Flughafen Lanzarote

- Der Aeropuerto de Lanzarote, auch als Guacimeta bekannt, liegt 6 km südlich von Arrecife und 6 km nördlich von Puerto del Carmen an der Ostküste.
- Die größeren Mietwagenfirmen haben in der Ankunftshalle einen Schalter. Hier gibt es auch – falls erforderlich – Möglichkeiten zum Währungsumtausch, ein Café und ein paar Geschäfte, darunter eine Buchhandlung, wo Sie Karten der Insel bekommen.

Transfer vom Flughafen zur Unterkunft

- Die schnellste, aber auch teuerste Möglichkeit ist das Taxi. Eine Liste mit den Tarifen finden Sie auf www.spanish-airport-guide.com unter Lanzarote. Für eine Fahrt nach Puerto del Carmen müssen Sie mit 11 Euro, nach Playa Blanca mit 31 Euro rechnen. Oder Sie holen sich am Informationsschalter des Flughafens in der oberen Etage die Broschüre *Aeropuerto de Lanzarote Horarios y Servicios*. Unter der Rubrik »Taxi« sind Richtpreise zu den einzelnen Zielen aufgelistet.
- Der offizielle Tarif liegt bei 0,45 Euro pro Kilometer tagsüber und bei 0,55 Euro nachts; der Flughafentransfer kostet 1,65 Euro Aufpreis (Tag und Nacht). Taxirufnummer: Tel. 928 522 211.
- Die Buslinie vom Flughafen fährt nur nach Arrecife, wo Sie entsprechend Ihrem Zielort umsteigen müssen. Der Airportbus Nr. 22 fährt Mo–Fr 6.50–22.45 Uhr, Bus Nr. 23 Sa 8.50–22.15 Uhr. Den kompletten Fahrplan gibt es unter www.arrecifebus.com. Eine Fahrt kostet 0,90 Euro.

Mietwagen am Flughafen

- Die größeren Mietwagenfirmen haben Büros am Flughafen.
- Einen Leihwagen bekommen Sie aber auch in allen größeren Ferienorten; Sie können also auch erst einmal mit Bus oder Taxi zu Ihrer Unterkunft fahren und einen Wagen mieten, wenn Sie dort sind (es sei denn, Sie wohnen allzu abgelegen). Mehr Infos zum Thema Mietwagen siehe (➤ 42).
- Folgen Sie vom Flughafen aus den Einbahnstraßenschildern Richtung Yaiza und Arrecife. Bei einer Insel mit einem prachtvollen Windspiel von César Manrique müssen Sie sich entscheiden: Richtung Yaiza geht es nach Puerto del Carmen und Playa Blanca im Süden, die Straße nach Arrecife führt in den Norden, nach Costa Teguise.

Verbindung zu anderen Inseln

Mit dem Flugzeug

- Binter Canarias (Tel. 902 391 392, www.binternet.com) bietet täglich Flüge zwischen Lanzarote und den anderen Inseln an.

Mit der Fähre

- Trasmediterránea (Tel. 902 454 645, www.trasmediterranea.es) und Naviera Armas (Tel. 902 456 500, www.navieraarmas.com) fahren zwischen Playa Blanca und Corralejo sowie von Arrecife nach Gran Canaria, Teneriffa, La Palma und El Hierro.
  Besucher aus Fuerteventura (Corralejo) kommen entweder in Playa Blanca oder Puerto del Carmen an. Fred Olsen (Tel. 920 100 107, www.fredolsen.es) und Naviera Armas (Tel. 902 456 500; www.navieraarmas.com) fahren täglich alle zwei Stunden von 7 bis 20 Uhr

nach Playa Blanca. Die Princesa-Ico-Fährgesellschaft verkehrt zwischen Corralejo und Puerto del Carmen (► 118).

Touristeninformation

- Die meisten Mitarbeiter sprechen Deutsch und Englisch, und auch das Infomaterial ist in beiden Sprachen erhältlich.

Flughafen
Ankunftshalle, geöffnet täglich während der Flugzeiten, Tel. 928 820 704. Flughafeninformationen unter Tel. 928 846 001.

Arrecife
Im Pavillon, Calle Blas Cabrera Felipe s/n, Tel. 928 811 762, Mo–Fr 8–15 Uhr (im Sommer bis 14 Uhr).

Costa Teguise
CC Los Charcos, Local 11–13, Avenida Islas Canarias, Tel. 928 827 130, Mo–Fr 9.30–13 Uhr.

Playa Blanca
Calle El Varadero s/n, Tel. 928 519 018, Mo–Fr 8–14 Uhr; Juli–Sept. Mo–Fr 9–14 Uhr.

Puerto del Carmen
Avenida de las Playas, Tel. 928 513 351, Mo–Fr 10–17 Uhr, Sa 10–13 Uhr; Juli–Sept. Mo–Fr 10–16 Uhr.

Teguise
Spinola Place, Plaza de la Constitución, Tel: 928 845 398. So–Do 10–17 Uhr.

Unterwegs auf Lanzarote

Mit dem Bus

- Die Inselbusse (*guaguas*, »gwa-gwas«, im kanarischen Dialekt) sind modern und bequem. Allerdings gibt es oft nur wenige Verbindungen zwischen Urlaubsorten und Sehenswürdigkeiten. Tickets sind im Bus erhältlich. Besorgen Sie sich einen Fahrplan vom nächsten Busbahnhof oder der Touristeninformation oder sehen Sie nach unter www.lanzarote.com/guaguas/guaguas-in.html.

Nützliche Linien

- Bus Nr. 1: Arrecife–Costa Teguise
- Bus Nr. 2: Arrecife–Puerto del Carmen; alle 20–30 Minuten, fährt an der Avenida de las Playas entlang.
- Bus Nr. 6: Playa Blanca–Arrecife; verkehrt nicht oft, lange Wartezeiten.
- Information über Buslinien unter Tel. 928 811 522.
- Es gibt auch einen privaten Busdienst, der das Einkaufszentrum Biosfera Plaza in Puerto del Carmen mit Arrecife und Playa Blanca verbindet.

Taxis

- Taxis sind meist weiß; wenn das grüne Licht auf dem Dach leuchtet, sind sie frei.
- Bei Fahrten innerhalb des Ortes wird der Taxameter eingesetzt (0,45 bis 0,55 Euro pro km), bei Fahrten über die Ortsgrenze hinaus wird vorher ein Pauschalpreis vereinbart.
- Am Flughafen bei der Touristeninformation bekommen Sie eine Preisliste für Fahrten von Arrecife aus (► oben).
- Taxis lassen sich auf der Straße anhalten. In den Urlaubsorten und Arrecife gibt es Taxistände, abends aber sollten Sie vom Hotel aus buchen.
- Taxiruf: Tel. 928 522 211.

Mit dem Auto unterwegs

- Für individuelle Ausflüge nehmen Sie sich am besten einen Leihwagen.
- Außerhalb von Arrecife und den Haupturlaubsorten ist nicht viel Verkehr, die Straßen sind in gutem Zustand und die Beschilderungen ausreichend.
- *Miradores* (Aussichtspunkte) in den Bergen sind besonders ausgewiesen und gesichert, sodass Sie gefahrlos halten und das Panorama genießen können.

Mietwagen

- Die großen internationalen Mietwagenfirmen haben am Flughafen Büros.
- Bessere Angebote machen meist jedoch kleinere örtliche Anbieter.
- Um einen Wagen zu mieten, brauchen Sie Ausweis, Führerschein und Kreditkarte. Führen Sie diese Papiere immer mit, zusammen mit den Unterlagen vom Autoverleiher.
- Für Offroad-Touren sollten Sie ein Allrad-Fahrzeug nehmen, das für solche Zwecke geeignet ist. Man bekommt solche Wagen bei allen großen Anbietern; allerdings sollten Sie im Voraus buchen, da die Stückzahl meist begrenzt ist. Unfälle oder Beschädigungen des Unterbodens bei Offroad-Touren sind von der Kfz-Versicherung nicht abgedeckt.
- Eine Klimaanlage kostet extra, ist aber sehr ratsam.

Autofahren

- Es besteht Gurtpflicht für alle Wageninsassen.
- Die Alkoholgrenze liegt bei 0,8 Promille.
- Als Höchstgeschwindigkeit gilt, falls nicht anders angezeigt, 90 km/h auf der Landstraße und 40 km/h innerhalb geschlossener Ortschaften.
- Das Benzin ist hier viel günstiger als in Mitteleuropa oder auf dem spanischen Festland. Tankstellen sind gerade in den Bergen dünn gesät, tanken Sie also immer rechtzeitig. Kreditkarten werden nicht überall akzeptiert.
- Die Gefahr, dass Ihr Auto aufgebrochen wird, ist nicht groß. Schließen Sie Wertgegenstände dennoch besser in den Kofferraum ein.
- Blaue Linien weisen gebührenpflichtige Parkzonen aus, bei gelben Linien gilt Parkverbot.

Straßenkarten

- Am Flughafen bei der Touristeninformation erhalten Sie kostenlos die hervorragende Cabrera-Medina/Rent-a-Car-Straßenkarte.

Eintrittspreise

- Preise für Museen und Sehenswürdigkeiten in diesem Führer sind in folgende Kategorien unterteilt:
  Preiswert: unter 3 Euro **Mittel:** 3–6 Euro **Teuer:** 6–9 Euro
  Sehr teuer: über 9 Euro

Übernachten

Reiseveranstalter buchen die meisten Hotelzimmer und Apartments, sodass es für Individualreisende manchmal schwierig ist, eine Unterkunft zu finden. Vor allem in Puerto del Carmen und Costa Teguise muss man sich vor Timesharing-Werbern in Acht nehmen. Seien Sie misstrauisch, wenn Ihnen auf der Straße jemand kostenlose Ausflüge oder Gewinne verspricht; man wird versuchen, Sie mit allen Tricks zum Abschluss eines Vertrages zu bringen. Unterschreiben Sie nichts, ehe Sie sich bei einer unabhängigen Stelle informiert haben!

Hotels

- Es gilt die internationale Klassifizierung nach Sternen von eins bis fünf. Die meisten Hotels haben mindestens drei Sterne. In dieser Kategorie verfügen alle Zimmer über ein eigenes Bad.
- Die Hotels und Apartments auf den folgenden Seiten wurden ausgewählt auf Grund ihrer Qualität, ihres besonderen Charakters oder weil sie ein besonders gutes Preis-Leistungsverhältnis bieten.
- Im Winter sind die Unterkünfte generell teurer, wobei im Dezember/Januar wegen des Wetters wenig los ist (von den Weihnachtsfestivitäten abgesehen). Ihren Höhepunkt erreicht die Saison Ende Juli/August, wenn in Spanien und Mitteleuropa Schulferien sind.
- Die größeren Hotels bieten Halbpension an, in manchen muss man sie sogar mitbuchen. Bei anderen bekommen Sie für ein paar Euro mehr Vollpension oder ein Pauschalangebot.
- Die neuesten Hotels liegen im Süden, in Playa Blanca.

Apartments

- Apartments sind mit Schlüsselsymbolen bewertet (eins bis drei), und selbst die einfachsten haben Schlafzimmer, Bad, Wohnzimmer, Kochnische und Balkon. Bettzeug, Handtücher und Zimmerservice sind meist im Preis inbegriffen; Fernseher, Töpfe oder Toaster können meist gegen eine Gebühr geliehen werden. Aparthotels sind größere Apartmentanlagen, die wie Hotels Swimmingpool, Restaurant und Abendunterhaltung bieten.
- Die meisten Selbstversorgerunterkünfte werden von Pauschalreisenden im Voraus gebucht, aber wenn Sie sich in einem Urlaubsort umhören, finden Sie in der Regel immer ein freies Apartment.

Casas rurales

- Lanzarotes Landhotels und Fincas gehören zu den schönsten der Kanaren; man findet Flair, Lokalkolorit, häufig auch einen Hauch von Luxus und die meisten modernen Errungenschaften (außer Klimaanlagen) in malerisch weiß getünchten Häuschen, oft umgebauten Bauernhäusern aus dem 19. Jh.
- Die beste Auswahl an ländlichen Unterkünften finden Sie unter: www.lascasascanarias.com/reservas/tourismorural-en.html www.islaviva.com
- Die meisten Landhotels liegen im Zentrum der Insel.

Camping

- Lanzarote hat drei Campingplätze mit einfacher Ausstattung; ein Zelt müssen Sie mitbringen. Die Plätze sind nur von Juni bis September geöffnet. Camping de Papagayo liegt in Playa de Puerto Muelas am Ende der Papagayo-Strände, östlich von Playa Blanca (Tel. 928 173 724).
- Auch auf La Graciosa gibt es einen Campingplatz (El Salao), Sie müssen sich im Rathaus von Teguise vorher anmelden (Tel. 928 845 985).
- In Famara ist Camping de San Juan, es gibt dort aber keine nennenswerten Einrichtungen. Erkundigen Sie sich vorher im Rathaus von Teguise (Tel. 928 845 985).

Hotelpreise

- Die Preise gelten für ein Doppelzimmer oder Studio in der Hochsaison. In größeren Hotels lassen sich die Preise im Allgemeinen etwas herunterhandeln

  € unter 60 Euro **€€** 60–90 Euro **€€€** 91–120 Euro **€€€€** über 120 Euro

Essen und Trinken

Die meisten Restaurants auf Lanzarote bieten kanarische Küche (➤ 16ff), aber auch Steaks, Meeresfrüchte und traditionelle spanische Gerichte an. Überall auf der Insel bekommt man frischen Fisch.

Wohin zum Essen und Trinken?

- Restaurants in Urlaubszentren wie Puerto del Carmen, Costa Teguise und Playa Blanca haben auch Hamburger, Pizza oder Wiener Schnitzel auf der Karte.
- Viele Bars und einige Restaurants bieten auch Tapas an, spanische oder kanarische Spezialitäten in kleinen Häppchen, die Vorspeise, Snack oder Hauptgericht sein können.

Fünf auf Lanzarote beliebte Tapas

Albóndigas (Fleischbällchen)
Croquetas (Kroketten, gefüllt mit Kartoffeln oder Kabeljau)
Gambas (Garnelen)
Pimientos (Paprika, unterschiedlich gefüllt)
Pulpo (Tintenfisch)

Praktische Tipps fürs Restaurant

- Traditionell isst man in Spanien mittags zwischen 13 und 16 Uhr und abends zwischen 20 und 23 Uhr. Viele Restaurants haben aber auch ganztätig geöffnet.
- Wenn Sie mit dem Service zufrieden sind (➤ unten), geben Sie zwischen 5 und 10% Trinkgeld. In Bars lassen Sie einfach etwas Kleingeld auf der Theke liegen.
- Der Service ist unterschiedlich. Was in einheimischen Bars als üblich gilt, kommt Besuchern aus dem Norden oft grob und unhöflich vor.
- Reservieren müssen Sie nur in besonders schicken oder beliebten Restaurants (zu finden unter den einzelnen Regionen) oder zur Sicherheit am Samstagabend oder Sonntagmittag.
- Es ist auf den Kanaren durchaus nicht unüblich, zwei Vorspeisen statt eines Hauptgerichts zu bestellen oder aber sich auch zu zweit eine Vorspeise zu teilen.
- Die »Kinderspeisekarte« enthält meist Fastfood oder internationale Gerichte. Besser, Sie bitten um eine kleine Portion (*una porción pequeña*) eines normalen Gerichts.
- Die Caférestaurants bei César-Manrique-Sehenswürdigkeiten haben sich auf kanarische Küche spezialisiert und sind meist hervorragend (in Cueva de los Verdes, Mirador del Río und der Fundación Manrique gibt es kein Restaurant).
- Die einzige Restaurantkette der Insel ist Lani's. Zurzeit gibt es 16 Filialen (neun in Puerto del Carmen, drei an der Marina Rubicón in Playa Blanca, zwei in Puerto Calero und eine in Costa Teguise). Meist weist der Name auf die Spezialität hin, z.B. Lani's Pizza & Pasta, Lani's Grill, Lani's Tapas. In Puerto del Carmen gibt es sogar Lani's Tandoori. Gemeinsam ist allen Filialen eine hübsche Ausstattung (Markenzeichen ist die Farbkombination aus dunklem Orange und Königsblau, verbunden mit dunklem Holz), guter Service und gute Bistroqualität zu vernünftigen Preisen.

Fünf vegetarische Gerichte oder Tapas
Papas arrugadas mit *mojo picón* (► 16)
Tortilla (Kartoffelpfannkuchen)
Croquetas (Kroketten, gefüllt mit Kartoffeln, aber auch Meeresfrüchten)
Pimientos (gefüllte Paprika; nach der Füllung fragen)
Champiñón (Champignons, meist frittiert und mit Knoblauch gefüllt)

Preise

- Essengehen auf Lanzarote ist nicht besonders günstig, da die meisten Zutaten per Flugzeug oder Schiff auf die Insel kommen.
- Tapas scheinen auf den ersten Blick eine sehr preiswerte Alternative zu sein, aber man braucht schon meist zwei bis drei Portionen zum Sattwerden.
- Manche Restaurants bieten ein Tagesmenü (*menú del día*) an; dies ist allerdings eher die Ausnahme als die Regel und gilt vor allem mittags.
- Offiziell ist der Service im Preis enthalten, es kann aber sein, dass man für Brot, Oliven oder andere Snacks, die ungefragt serviert werden, einen kleinen Betrag auf der Rechnung findet.

Getränke

- Mineralwasser ist überall erhältlich. Fragen Sie nach *agua sin gas* (stillem Wasser) oder *agua con gas* (Sprudelwasser).
- Kaffee bekommt man als *café solo* (dem Espresso vergleichbar) oder *con leche* (mit Milch). Die Milch kann aufgeschäumt sein wie beim Cappuccino oder wird einfach warm oder kalt dazugegeben. Wenn Sie löslichen Kaffee möchten, bestellen Sie *un nescafé*. Baraquillo ist schwarzer Kaffee mit einem Schuss Weinbrand, gern getrunken nach dem Essen.
- In den meisten Restaurants und Bars wird spanischer Tafelwein angeboten; halten Sie aber immer Ausschau nach Wein von der Insel (► 19).
- Inseltypische Spirituosen sind *ron* (Rum) und *ronmiel* (»Honigrum«).
- In vielen Restaurants bekommt man nach dem Essen automatisch ein Glas des hochprozentigen süßen Getränks.

Preise

Die Preise gelten pro Person für ein Drei-Gänge-Menü ohne Getränke und Service:
€ unter 15 Euro **€€** 15–25 Euro **€€€** 25–30 Euro **€€€€** über 30 Euro

Einkaufen

Obgleich Spanien EU-Mitglied ist, haben die Kanarischen Inseln ihren Sonderstatus als Freihandelszone behalten. Die Importsteuern sind minimal, und die Mehrwertsteuer liegt bei gerade einmal 4,5 Prozent. Viele Alltags- und Geschenkartikel, vor allem Spirituosen, Tabak, Parfum, Schmuck und Elektronikartikel, sind beträchtlich günstiger als auf dem europäischen Festland.

Da die Kanaren nicht wirklich zur EU gehören, gibt es strenge Regelungen, welche Mengen oder Stückzahlen für den persönlichen Gebrauch ausgeführt werden dürfen. Für EU-Bürger gilt: 1 l Hochprozentiges, 2 l Wein und 200 Zigaretten bzw. 50 Zigarren.

Wohin zum Einkaufen?

- Die attraktivsten Einkaufsmöglichkeiten finden Sie in Arrecife und Puerto del Carmen. Die Hauptstadt ist die beste Adresse für hochwertige spanische oder einheimische Markenkleidung und Accessoires. Die Preise sind im Allgemeinen niedriger als auf dem europäischen Festland.
- Abgesehen von kanarischem Kunsthandwerk (➤ unten) und Souvenirs verkaufen alle Läden zollfrei, auch Surfshops (die meist trotzdem teuer sind), Parfümerien, Juweliere und Elektronikläden. Letztere werden meist von Asiaten geführt, und die Preise lassen sich fast immer aushandeln.

Öffnungszeiten

- Die meisten Geschäfte haben Montag bis Freitag von 9.30/10 Uhr bis 13.30 Uhr sowie von 16.30/17 Uhr bis 20 Uhr geöffnet, in den Urlaubszentren zum Teil sogar bis 22 Uhr.

Typisches von der Insel

- Zu den Produkten der Insel gehören Korbwaren, Spitzen, Töpferwaren (oft in grober Machart, ohne Scheibe gefertigt) sowie Produkte aus Aloe vera (Seife, Shampoo, Hautlotionen), die sehr teuer ist, aber im Ruf steht, heilkräftig zu wirken.
- Beliebt sind Töpfwaren und Bilder mit Lavagestein oder Sand von der Insel. Was man in billigen Souvenirläden findet, ist nicht zu empfehlen, es gibt aber auch sehr schöne Ausführungen.
- Olivin ist ein hellgrüner Halbedelstein, der durch vulkanischen Druck und Hitze entsteht. Er ist nicht für Lanzarote allein typisch (größere Exemplare können auch aus Mexiko stammen!), und doch ist er ein Markenzeichen der Insel. Besonders schön als Kette, kombiniert mit schwarzem Lavastein.

Musik von der Insel

- Es gibt zwar zahllose Elektronikgeschäfte, wo man billige Abspielgeräte bekommt, aber nur wenige und dazu teure CD-Läden. Die Hits der internationalen Charts treffen erst mit Verspätung auf der Insel ein.
- Wenn Sie bei kanarischer Musik nicht still sitzen können, sei Ihnen *La Gran Antología de la Música Popular Canaria* empfohlen, ein Set aus vier CDs samt Buch. Sie bekommen es im Restaurant *La Tahona* in Teguise (➤ 69) und im Museumsshop des Ethnografischen Museums Tanit in San Bartolomé (➤ 86).

Fünf Mitbringsel »Made in Lanzarote«

- Handgefertigter traditioneller Damenstrohhut vom Markt in Haría (rund 40 Euro)
- Irgendetwas in César Manriques Design oder mit seinem Logo
- Eine Flasche Wein aus einer örtlichen Bodega
- Eine Töpferarbeit, verziert mit Vulkanstein oder Sand von der Insel
- Schmuck aus grünem Olivin und/oder schwarzem Lavastein.

- Zu den kulinarischen Spezialitäten gehören die rote und grüne *Mojo-Sauce*, Käse und kanarische Weine (meist aus Lanzarote). Zigarren nach dem Vorbild der kubanischen werden in La Palma hergestellt und sind überall erhältlich.

Märkte
- Die besten Märkte finden Sie samstags in Haría und mittwochs in Arrecife; der größte Markt der Insel findet sonntags in Teguise statt.

Ausgehen

Wo ist was los?
- Konsultieren Sie die örtliche Tageszeitung oder die *Lanzarote Gazette*, die in vielen Bars und Touristentreffs kostenlos erhältlich ist und eine gute Website hat: www.gazettelive.com.
- *Lancelot* heißt die wichtigste fremdsprachige Zeitung der Insel, die Sie bei Zeitungshändlern und in Touristentreffs bekommen. Sie erscheint monatlich auf Deutsch, vierteljährlich auf Englisch; www.lancelot.es.
- Über örtliche Festivals informiert die offizielle Tourismus-Website www.turismolanzarote.com.

Festivals und Folklore
- Die farbenprächtigen Fiestas der Insel sind immer einen Besuch wert (➤ 30). Carnaval (➤ 29) ist das größte Ereignis.
- Bei Folkloreshows treten örtliche Gesangs-, Musik- und Tanzgruppen in traditionellen Kostümen auf. Typisches Instrument ist die Timple, eine Art Ukulele mit fünf Saiten, die es nur auf den Kanaren gibt und die in Teguise noch immer von Hand gefertigt wird (➤ 141). Hin und wieder gibt es auf Folklore-Veranstaltungen auch *lucha Canaria* zu sehen (kanarischen Ringkampf). Technik und Zielsetzung ähneln sehr dem Sumo, ganz im Gegensatz zu den Kämpfern!
- Eine weitere Tradition der Kanaren heißt *juego del palo* (wörtlich »Spiel mit Stock«); die Stöcke werden zum Überspringen von Gräben und Schluchten benutzt, aber auch als Waffen.

Musik
- Ein Konzert in den Jameos del Agua oder der Cueva de los Verdes sollten Sie auf keinen Fall versäumen. Hier findet auch das jährliche Festival de Musica Visual statt (➤ 60), bei dem internationale Musikergrößen auftreten.
- In Arrecife können Sie Konzerte im Pavillon, im Kulturzentrum (gegenüber) und in der Iglesia de San Ginés hören.

Bars und Diskos
- Nachtleben findet vor allem im touristischen Puerto del Carmen statt, wobei es gemessen an Gran Canaria oder Teneriffa hier noch relativ gemäßigt zugeht. Beste Adresse ist das Kulturzentrum Atlántico direkt am Meer. Costa Teguise liegt an zweiter Stelle, mit dem Pueblo Marinero und dem Kulturzentrum Atlántico (die Namensgleichheit ist wohl Zufall).
- Mehr Details finden Sie unter den einzelnen Regionen (»Wohin zum ... Ausgehen?«).

Sport
- Das milde Klima und das warme Meerwasser machen Lanzarote zu einem Paradies für Sportfans.

Wassersport

- Bessere Bedingungen für Windsurfing finden Sie nirgendwo auf der Welt; in Costa Teguise finden jedes Jahr Weltmeisterschaftswettbewerbe statt (► 74).
- Surfen ist ebenfalls sehr beliebt, insbesondere in Famara (► 64).

Segeln

- Die Kanaren liegen zwischen Europa und der Karibik, und so machen viele internationale Segler auf dem Weg hier Halt. Puerto Calero ist das etablierteste Segelsportzentrum der Insel.

Tauchen und Fischen

- Lanzarote verfügt über hervorragende Tauchplätze; die Wassertemperaturen liegen das ganze Jahr über zwischen 18°C und 25°C, die Unterwassersichtweiten zwischen 30 und 50 m.
- Das Gebiet um La Graciosa, Alegranza, Montaña Clara und die kleinen Insel im Norden Lanzarotes bildet eines der größten Unterwasserschutzgebiete Europas, die Reserva Marina del Archipélago Chinijo. Fauna und Flora auf dem vulkanischen Meeresboden sind geprägt von üppiger Vielfalt: Zackenbarsch, Barrakuda, Engelshai, Muräne, blauer Marlin, Blauflossen-Tunfisch, Hammerhai, *dorado* (Goldlachs) und einheimische Arten wie die *vieja* tummeln sich hier. In den Riffen um die Insel leben Oktopus, Seeanemone, Sepia, Seepferdchen und rote Koralle.

Grotten und Schiffswracks

- Es gibt viele Unterwassergrotten, die berühmteste ist die »Kathedrale« vor Puerto del Carmen, und zahlreiche Wracks warten darauf, von Tauchern erkundet zu werden. Einen hervorragenden Bericht über Grottentauchen auf Lanzarote finden Sie unter www.bbc.co.uk/dna/h2g2/A287606.
- Grundangeln können Sie das ganze Jahr über; Hauptsaison für blauen Marlin und Tunfisch ist von April bis November (September und Oktober sind die besten Monate).
- Viele Tauch- und Sportfischstationen liegen außerhalb der Urlaubsorte. Puerto Calero ist eine gute Adresse, die Marina Rubicón in Playa Blanca ist im Kommen.
- Die Touristeninformationen halten die Broschüre *Guía de Actividades Subacuáticas* für Sie bereit.

Andere Sportarten

- Für Sportfans ist der Club La Santa genau das Richtige (► 26); der Schwerpunkt liegt hier auf Radfahren, Aerobic und Leichtathletik.
- In Costa Teguise gibt es einen guten Golfcourt (► 64).
- Einige Hotels verfügen über eigene Tennisplätze.

Wandern

- Auf Lanzarote suchen Sie *senderos* (markierte Wanderwege) vergeblich. Wenn Sie sich trauen, auf eigene Faust loszumarschieren, gehen Sie zum Kulturamt in Arrecife (El Almacén, Calle José Betancourt); dort können Sie ein Buch über Wanderstrecken samt Karte kaufen.
- Alternativ können Sie sich einer geführten Tour anschließen. Die im Nationalpark Timanfaya sollten Sie nicht verpassen (► 102ff); Canary Trekking ist sehr zu empfehlen (► 9); außerdem gibt es in Costa Teguise Führer für Wander- und Trekkingtouren.

Touren und Ausflüge

- … werden überall auf der Insel angeboten. Erkundigen Sie sich bei der Touristeninformation nach der Broschüre *Lanzarote Activa* (offizieller Freizeitführer).

Der Norden

Erste Orientierung 50
In drei Tagen 52
Nicht verpassen! 54
Nach Lust und Laune! 64
Wohin zum … 68

Erste Orientierung

Im Norden liegen die meisten von Menschenhand – genauer gesagt von Manriques Hand – geschaffenen Attraktionen der Insel. Entlang den Straßen sind quasi die wichtigen Lebensstationen des Künstlers aneinander gereiht: die Ferienorte seiner Kindheit in Famara, sein außergewöhnliches Haus in Tahiche, seine großartigen Objekte – und sogar seine letzte Ruhestätte in Haría.

Gleichwohl gibt es im Norden noch viel mehr zu sehen. Auf kleinstem Raum finden sich hier die Gegensätze der Natur, von der Wüstengegend *jable* um Famara bis hin zu der üppigen Oase des Haría-Tals, vom flechtenüberzogenen *malpaís* bis zu den fruchtbaren Lavafeldern um den Monte Corona und die Kaktushaine um Guatiza. Mit zahlreichen *miradores* (Aussichtspunkten) bietet der Norden außerdem die schönsten Inselpanoramen.

Aber nicht nur die Natur bietet hier Kontraste; dem Robinson-Crusoe-Eiland La Graciosa stehen die *centros comerciales* (Einkaufszentren) und »real British Pubs« von Costa Teguise gegenüber – das übrigens nicht mit Teguise zu verwechseln ist, der alten Hauptstadt, die, beschaulich und liebevoll restauriert, vielleicht der schönste Ort der Insel ist. Wenn die Konquistadoren heute zurückkämen, würden sie bestimmt große Teile davon wiedererkennen.

Im Norden bieten sich spektakuläre Panoramen

★ Nicht verpassen!

1. Fundación César Manrique (Taro Tahiche/Haus von César Manrique) ➤ 54
2. Teguise ➤ 56
3. Jameos del Agua ➤ 59
4. Cueva de los Verdes ➤ 62
5. Jardín de Cactus (Kaktusgarten) ➤ 63

Nach Lust und Laune!

6. Costa Teguise ➤ 64
7. La Caleta de Famara ➤ 64
8. Haría ➤ 65
9. Mirador del Río ➤ 65
10. Orzola ➤ 66
11. Isla la Graciosa ➤ 66

Der Norden in drei Tagen

Erster Tag

Vormittags

Die **1 Fundación César Manrique** (➤ 54f) ist die beste Einführung in Leben und Werk der einflussreichsten Persönlichkeit der Insel. Fahren Sie auf der LZ 10 nach **2 Teguise** (unten) und erkunden Sie seine herrlichen Plätze und Kopfsteinpflastergassen (➤ 56ff). Hier können Sie auch zu Mittag essen (➤ 68).

Nachmittags

Fahren Sie zum Castillo de Santa Bárbara (➤ 57f); genießen Sie die Aussicht und lernen Sie die erschütternde Geschichte der kanarischen Auswanderer kennen. Biegen Sie nach Teseguite ab, wo Sie die Ateliers zweier berühmter Künstler besichtigen können (➤ 73).

Richtung Norden auf der LZ 1 gelangen Sie zum **5 Jardín de Cactus** (gegenüber dem Tor ➤ 63), dem idealen Ort für eine Pause. Wenn Sie zum Essen zu spät dran sind (um 17.45 Uhr wird geschlossen), fahren Sie weiter in das Fischerdorf Arrieta, 6 km Richtung Norden, das berühmt für seine Restaurants ist (➤ 72).

Zweiter Tag

Vormittags

Nehmen Sie die LZ 1 und halten Sie am Mirador de los Helechos über dem »Tal der tausend Palmen« (➤ 65). Dann geht's weiter nach **8 Haría**, um durch die Läden zu streifen und auf dem schattigen Hauptplatz einen Kaffee zu trinken (➤ 65). Richtung Norden folgt der spektakuläre **9 Mirador del Río** (➤ 65). Kehren Sie anschließend auf die Hauptstraße zurück.

Nachmittags

Fahren Sie 6 km nach Süden, dann biegen Sie links ab Richtung 4 **Cueva de los Verdes** ((unten, ➤ 62) und 3 **Jameos del Agua** (➤ 59ff). Für beides brauchen Sie rund eine Stunde, aber Sie können vorher in zauberhaftem Ambiente Kraft tanken. Wenn Ihre Zeit nicht für beide reicht, wählen Sie Jameos del Agua. Weiter geht es auf der LZ 1.

Wenn Sie essen wollen, halten Sie in Arrieta (➤ 70).

Dritter Tag

Achtung: Im Winter ist das Wetter im Norden unberechenbar. Wenn Sie kein geübter Wanderer sind, fahren Sie lieber im Sommer nach La Graciosa.

Vormittags

Fahren Sie nach 10 **Orzola**; die erste Fähre nach 11 **Isla la Graciosa** (➤ 66f) setzt um 10 Uhr ab. Sehen Sie sich kurz in Caleta del Sebo um; im El Marinero nahe der Anlegestelle bekommen Sie ein frühes Mittagessen. Zur Playa de las Conchas kommen Sie auf einem Leihrad, per Taxi oder zu Fuß. Man kann um die ganze Insel herumwandern, muss für die 19 km aber rund sechs Stunden einkalkulieren.

Nachmittags

Nehmen Sie die Fähre um 16 Uhr, dann bleibt Ihnen Zeit, die am ersten oder zweiten Tag verpassten Sehenswürdigkeiten nachzuholen. Zum Essen halten Sie auf der LZ 10 am besten in Haría (➤ 69) oder Teguise (➤ 56ff); Fisch bekommen Sie am besten in Orzola (➤ 70) oder Arrieta (➤ 70).

Fundación César Manrique

(Taro de Tahiche/Haus von César Manrique)

1966, kurz nach seiner Rückkehr aus Amerika, entdeckte César Manrique auf dem Weg an Tahiche vorbei einen Feigenbaum, von dem nur die Spitze aus einem riesigen Feld erstarrter Lava ragte. Als er der Sache nachging, stellte er fest, dass der Baum tief in einem *jameo* (► 59) mit etwa 5 m Durchmesser stand. Im Umkreis befanden sich vier weitere *jameos* ähnlicher Größe. Wie es seine Art war, beschloss er spontan, hier ein Haus zu bauen, das als Taro de Tahiche bekannt werden sollte. Der Landeigner erklärte ihm, das Land sei wertlos und er könne so viel davon haben, wie er wolle. Was für eine Chance und Herausforderung für Manrique! In der unwirtlichsten Gegend der Insel konnte er ein Meisterwerk schaffen, das der Welt und vor allem seinen Studenten in Madrid, die ihn deshalb immer verspottet hatten, bewies: Lanzarote ist mehr als nur ein Haufen Asche und Lava.

Den Eingang markiert eines von Manriques farbenfrohen *juegos de vientos* (»Windspiele«), Mobiles und Skulpturen im Garten.

Wenn Sie im ersten Raum durch das große Panoramafenster auf das an eine Mondlandschaft erinnernde Lavafeld blicken, wird Ihnen bewusst, wie visionär Manrique tatsächlich war. Von diesem Blickwinkel aus möchte man

Haus und Grund sind Zeugnis für Manriques Kreativität und visionäre Kraft

dem Landeigner voll und ganz Recht geben!

Im Erdgeschoss sind Werke von Manrique ausgestellt, aber auch Pläne und Skizzen zu seinen Projekten. Werke anderer moderner Meister, wie Picasso oder Miró, werden im Wechsel gezeigt. Interessant ist Manriques stilistische Entwicklung von seinen ersten konventionell naturalistischen Arbeiten bis zu seinem abstrakten Werk.

Im Untergeschoss wird es richtig spannend. Gewundene, enge weiß getünchte Gänge verbinden die *jameos*. Die Ausstattung ist minimalistisch und im Stile der 1960er-Jahre gehalten. Wie in Jameos del Agua (► 59ff) gibt es einen blau-weißen Swimmingpool und üppige Bepflanzung.

Manrique lebte hier bis 1988. Um nicht ständig von Besuchern gestört zu werden und wieder in Ruhe arbeiten zu können, zog er schließlich nach Haría. Seither ist das Haus eine Besucherattraktion und wird von der Fundación César Manrique betreut, die der Künstler selbst 1982 gegründet hat, um Aktivitäten rund um Kunst, Umwelt und Kultur zu fördern.

Der Eingang zum Taro de Tahiche (oben). César Manrique suchte auf Lanzarote Frieden und Ruhe

Rauchen verboten!

König Hussein von Jordanien gehörte zu den Bewunderern des Künstlers und besaß sogar ein Feriendomizil auf der Insel, das er regelmäßig aufsuchte (und das heute dem König von Spanien gehört). Während Manrique ihn in seinem Haus herumführte, holte der König eine Zigarette heraus. Bei aller Toleranz duldete der Künstler keine Raucher in seinem Haus. Lächelnd wies er den Monarchen zurecht. »In diesem Haus bin ich der König«, fügte er hinzu.

KLEINE PAUSE

Der Imbissbereich ist nicht so groß wie bei den anderen Manrique-Attraktionen. Costa Teguise liegt 7 km östlich, Teguise 6 km nördlich; wenn Sie dem Manrique-Fieber schon erlegen sind, fahren Sie nach Westen, dann nach Norden (insgesamt 8 km) zum Monumento al Campesino.

---

163 D3 · Taro de Tahiche (direkt am Kreisverkehr mit dem riesigen silbernen Mobile) · 928 843 138; www.fcmanrique.org · Juli–Okt. tägl. 10 bis 19 Uhr; Nov.–Juni Mo–Sa 10–18 Uhr, So 10–15 Uhr · teuer

FUNDACIÓN CÉSAR MANRIQUE: INSIDER-INFO

Nicht verpassen! Das oft fotografierte **Mauergemälde** im Garten

2 Teguise

Die alte Hauptstadt der Insel ist die schönste spanische Kolonialstadt nicht nur Lanzarotes, sondern des ganzen Archipels.

Gegründet im 15. Jh., war sie bis 1852 die Kapitale der Konquistadoren. Ihr Erscheinungsbild mit den weiß getünchten Fassaden im Kolonialstil ist streng reglementiert. Viele Häuser wurden in den letzten Jahren liebevoll restauriert und beherbergen heute erstklassige Restaurants und Geschäfte. Teguise ist dankenswerterweise klein geblieben, ohne wuchernde Vorstädte, und der Verkehr in den engen Kopfsteinpflastergassen hält sich auch in Grenzen – der ideale Ort zum Flanieren (➤ 139ff).

Sechs Tage lang schlummert die Stadt, am Sonntag dann fallen Tausende Besucher ein, um den Touristenmarkt zu besuchen, der das ganze Zentrum erfüllt. Auf der Plaza Miguel neben der schönen Iglesia de Nuestro Señora de Guadelupe treten Folkloretanz- und -musikgruppen auf.

An dem Platz steht, von zwei steinernen Löwen flankiert, der Palacio Spínola, errichtet 1730–80 und heute ein *casa-museo* (Schlossmuseum) und Tourismusbüro samt Kapelle, Patio und Brunnen. Ein Besuch vermittelt einen guten Eindruck davon, wie die wohlhabenden Bürger der

Am Markttag finden im La Carpe de Teguise (dem großen Zirkuszelt auf dem Hauptplatz) Folkloreshows, *lucha Canaria* (kanarisches Ringen; ➤ 47), *Juego del Palo* (➤ 47) sowie Wein- und Käseproben statt (preiswert).

Teguise ist die schönste spanische Kolonialstadt Lanzarotes

Stadt im 18. Jh. das Leben genossen. Ebenfalls am Platz befindet sich das rustikale Steingebäude der Bank Caja Canarias, das, 1680 erbaut, einst als *cilla*, als Zehntendepot, diente.

Angrenzend an den Hauptplatz liegen die Plaza 18 de Julio und die Plaza Clavijo y Fajardo, die von herrlichen historischen Bauten gesäumt sind, in denen heute Läden und Restaurants untergebracht sind. Unweit von hier steht ein malerisches Gebäude mit schneeweißem Dach und dem typischen kanarischen Balkon, die Casa Cuartel aus dem 17. Jh., eine ehemalige Kaserne.

Die Kirche von Nuestra Señora de Guadelupe

Die Stadt besitzt zwei schöne ehemalige Klöster. Im Convento de Santo Domingo wird heute moderne Kunst ausgestellt. Neben dem Convento de San Francisco und der Iglesia de Nuestra Señora de Guadalupe sollten Sie sich den Palacio del Marqués in der Calle Marqués de Herrera y Rojas ansehen. Errichtet 1455, ist sie das älteste Gebäude der Stadt und birgt heute das wunderschöne Gartencafé Patio del Vino (➤ 69).

Über der Stadt thront das Castillo de Santa Bárbara aus dem 16. Jh.; direkt am Kraterrand des Volcán de Guanapay gelegen, bietet es ein volles Rundumpanorama. Das Kastell, als Wachturm gebaut, entwickelte sich rasch zur Schutzburg für die Ansässigen, die immer wieder von Piraten überfallen wurden. Freilich war kein Platz für alle; diejenigen, die in der Stadt ausharren mussten, fielen oft Massakern zum Opfer, wie im Jahre 1586.

Reiche und Arme

Für die wohlhabenden Städter dürfte das Leben rosig gewesen sein, doch das mehrheitlich arme Landvolk musste darben, wie das folgende Zitat aus dem Museum eindringlich veranschaulicht:
»Die Tage liegen unter einem erstickenden Schleier von Leid und Unglück, der uns jegliche Hoffnung raubt.«

Der überwiegende Teil der Auswanderer, rund 23 000, hatte Kuba zum Ziel. So viele von ihnen waren erfolgreich, dass sich Fidel Castro zu einer Lobeshymne veranlasst sah:
»Der Kanarier kam, um an unserer Seite zu arbeiten und zu kämpfen. Mit seinem sprichwörtlichen Fleiß half er, unser Land zu schmieden. Ernst, Anstand, Ehrgefühl und rebellischen Geist haben unsere Bauern von den Kanariern gelernt.«

Im Ausstellungsraum ganz oben auf der Burg erfahren Sie etwas darüber.

Die übrigen düsteren Burgzimmer beheimaten das Museo del Emigrante Canaria (Museum der kanarischen Emigration). Zitate und Gegenstände von einfachen Insulanern, vergilbte Fotos und Dokumente, die bis ins frühe 19. Jh. reichen, machen die interessante Ausstellung lebendig und faszinierend.

So lebten die Reichen im Palacio Spínola

KLEINE PAUSE

In Teguise haben Sie aufgrund der Vielzahl an Möglichkeiten die Qual der Wahl (➤ 68f).

163 D4

Convento de San Francisco (Museum der sakralen Kunst)
Plaza de San Francisco
www.costateguiseturismo.org Sa–So 10–15 Uhr, Mo, Mi–Fr 10–16 Uhr frei

Convento de Santo Domingo
Calle de Santo Domingo
928 845 001, www.teguise.com
Mo–Fr 10–14, So 10–14 Uhr
frei

Palacio Spínola
Plaza de la Constitution 928 845 181, www.teguise.com So–Fr 9–16 Uhr (Juli, Aug., Sept. bis 15 Uhr) mittel

Palacio del Marqués (Patio del Vino, ➤ 69)
Calle Marqués de Iterrera y Rojas
609 475 043
Mo–Fr 12–20, So 10–15 Uhr mittel

Castillo de Santa Bárbara
1 km nordöstlich von Teguise
928 845 001, www.teguise.com
Sommer tägl. 10–16 Uhr (im Winter bis 17 Uhr) preiswert

TEGUISE: INSIDER-INFO

Top-Tipps: Kommen Sie sonntags wegen der **Atmosphäre;** sehen Sie sich lieber die Läden an (die alle geöffnet sind) als die Marktstände.

- Busse fahren regelmäßig von Costa Teguise (Nr. 11), Puerto del Carmen (Nr. 12) und Playa Blanca (Nr. 13); Abfahrt jeweils um 9 und um 11 Uhr.
- Besuchen Sie die Website **www.teguise.com**, die über zahlreiche Veranstaltungen informiert.

Nicht verpassen! Das **Kastell** mit seiner faszinierenden Ausstellung und dem herrlichen Ausblick

Muss nicht sein! **»Würstchenbuden«**, die eigens für Deutsche und Briten vertraute Speisen aus der Heimat anbieten

3 Jameos del Agua

Die erste von César Manrique geschaffene Attraktion der Insel ist für viele gleichzeitig seine spektakulärste Arbeit. Zwei offene, eingestürzte Vulkantunnel (jameos), verbunden durch einen geschlossenen Tunnel, wurden in eine Phantasiegrotte verwandelt. Als Hollywood-Legende Rita Hayworth 1966 hierher kam, sprach sie vom »achten Weltwunder«.

Einer der *jameos* samt "Strand" und Palmen

Wenn Sie in den ersten *jameo* hinabsteigen, kommen Sie in einen kühlen, schwach beleuchteten Imbissbereich voller Tropenpflanzen. Große Hummerkörbe dienen als Töpfe für Farne, deren hellgrünes Blattwerk sich von dem dunklen Vulkanstein abhebt; (echtes) Vogelgezwitscher und New-Age- oder klassische Musik runden die Szenerie ab. Wenn sich Ihre Augen an die schummrigen Lichtverhältnisse gewöhnt haben, erkennen Sie kleine Alkoven und Nischen, die erst richtig zur Geltung kommen, wenn das Nachtleben beginnt (Manrique nannte sein Werk einmal »den schönsten Nachtclub der Welt«).

Im angrenzenden Tunnel liegt ein glasklarer See. Wenn Sie genau hinsehen, stellen Sie fest, dass das Wasser von Hunderten winziger, weißer Krebse bevölkert ist, die wie Spinnen aussehen. Sie lebten einst im Ozean, in einer Tiefe von bis zu 2 km. Heute sind sie nur noch hier zu finden.

Was ist ein *jameo*?
Ein *jameo* ist eine vulkanische Höhle. Bei Vulkanausbrüchen strömen flüssige Lavamassen zu Tal. Wenn unter der erstarrten Oberfläche weiter flüssige Lava in Richtung Meer fließt, entsteht nach dem Erliegen der Vulkantätigkeit ein Hohlraum, eine Röhre. Stürzt das Dach dieser Röhre ein, spricht man von einem *jameo*.

Wenn Sie aus dem schummrigen Tunnel heraustreten, werden Sie die Augen aufreißen! Der zweite *jameo* ist eine perfekte Südseekulisse, hellblaues Wasser mit fast gleißend weißem »Strand« (bemalter Fels), malerischen grauen und schwarzen Vulkansteinbrocken und einer großen Palme, die sich anmutig übers Wasser neigt – das klassische Postkartenmotiv. Badesachen brauchen Sie nicht, denn plantschen darf hier niemand – außer (angeblich) der König von Spanien. Am Ende des Pools schließt sich ein Saal an, der rund 600 Zuschauer fasst und eine nahezu perfekte Akustik aufweist. Hier finden häufig Folkloreshows und Konzerte und einmal jährlich auch das Festival de Música Visual statt.

Eine Höhle für Konzerte (unten) und für winzige Albinokrabben (rechts)

Ein herrliches Foto vom Wasserbecken können Sie schießen, wenn Sie die Treppen hinaufsteigen; dort befinden sich die Ausstellung der Casa de los Volcánes und das Forschungszentrum.

Hier erfahren Sie alles über Vulkane – auf Lanzarote, auf den Kanaren, aber auch weltweit.

KLEINE PAUSE

Es gibt am Eingang und am Ausgang jeweils eine Cafébar. Wem die erste zu schummrig ist, dem sei die oberhalb vom Wasserbecken empfohlen. In beiden werden Snacks angeboten, die allerdings recht teuer sind.

Das Restaurant hat nur Dienstag, Freitag und am Samstagabend geöffnet und ist für seine erstklassige einheimische Küche bekannt. Am Abend Einlass nur in gepflegter Kleidung (keine Shorts).

161 F2 ☏ 928 848 020, www.centroturisticos.com tägl. 10–18.30 Uhr, Di, Fr, Sa zusätzlich 19–2 Uhr; Casa de los Volcanes 11–18 Uhr teuer

Restaurant €€€
☏ 928 848 024 Di, Fr, Sa 20–23.30 Uhr teuer

JAMEOS DEL AGUA: INSIDER-INFO

Tipps: Wenn Sie auch die **Cueva de los Verdes** besuchen wollen (fast nebenan; ➤ 62), tun Sie dies zuerst, sonst könnten Sie enttäuscht sein – was der Cueva keinesfalls gerecht wird.
Passen Sie auf **Kleinkinder** besonders auf. Lassen Sie sie nicht herumlaufen; im Halbdunkeln stolpert man leicht auf dem scharfkantigen Vulkangestein.
Kommen Sie **ganz früh oder ganz spät,** um Reisegruppen zu umgehen. Inmitten von Menschenmassen lässt sich der Friede hier kaum genießen!

Außerdem: Die **Casa de los Volcanes** gehört zu einer der modernsten Forschungs- und Beobachtungsstationen für vulkanische Aktivität. Die Instrumente hier sind unglaublich genau; sie erkennen eine Deformation im Erdinnern (Hinweis auf geodynamische Aktivität) von der Größe einer Euromünze innerhalb eines Radius von 850 km.

Nicht verpassen! Die Ausstellung der Casa de los Volcánes; z. B. die **»Bubble Tube«** (»Blasenröhre«), veranschaulicht, was passiert, wenn das aufsteigende Magma eine bestimmte Höhe erreicht: Das Gas explodiert in Blasen, die durch die Erdkruste brechen. Auf faszinierenden Filmaufnahmen kann man sehen, wie Lava ins Meer strömt.

Muss nicht sein! Wenn Sie wenig Zeit haben, sparen Sie sich das **obere Stockwerk** der Casa de los Volcánes. Jetzt dürften Sie ohnehin längst »vulkanisiert« sein!

4 Cueva de los Verdes

Sie haben möglicherweise schon einige Höhlen besucht, aber die aus flüssiger Lava geformten Höhlen bilden das längste Lavatunnelsystem der Welt.

Der Volcán de la Corona (Monte Corona), der die Jameos del Agua schuf (➤ 59ff), zeichnet auch für die Cueva de los Verdes (»Höhle der Grünen«) verantwortlich. Namensgeber ist eine Familie, die einst hier lebte; im 16./17. Jh. fanden die Insulaner hier Zuflucht vor Piraten und Sklavenhändlern.

Der Besuch ist nur imRahmen einer geführten Tour möglich, die etwa 2 km (rund 50 Min.) durch das spektakuläre, kunstvoll beleuchtete Labyrinth führt. Treppen verbinden eine Galerie mit der nächsten; am Ende wartet eine unvergessliche optische Täuschung.

KLEINE PAUSE

Die nächste Erfrischungsmöglichkeit ist Jameos del Agua (ca. 400 m entfernt), aber Sie müssen Eintritt zahlen. Empfehlenswerte Alternativen: die Fischrestaurants in Orzola und Arrieta (➤ 70).

161 F3 ☎ 928 848 484, www.centroturisticos.com 10–18 Uhr teuer

CUEVA DE LOS VERDES: INSIDER-INFO

Außerdem: Wenn Sie wissen wollen, wie eine **Lavahöhle** entsteht (➤ 59ff): Die Cueva de los Verdes gehört zu einem über 7 km langen Tunnelsystem, das vor 5000 Jahren entstanden ist und den Vulkan mit dem Atlantischen Ozean verbindet.

Top-Tipp: Achtung – an mehreren Stellen müssen Sie sich **ducken**! Die Warnung ist angebracht, denn oft genug tragen Besucher Beulen davon.

Nicht verpassen! Besuchen Sie ein **Konzert.** Die Akustik des Höhlenraumes ist nahezu perfekt und wurde dafür sogar vom weltberühmten Violinisten Yehudi Menuhin (1916–1999) gerühmt. Hier findet auch das jährliche **Festival de Música Visual** statt (➤ 60).

5 Jardín de Cactus (Kaktusgarten)

Vergessen Sie alles, was Sie bislang über Kakteen oder Gärten dachten. Hier trifft Natur auf moderne Kunst.

Auch wer Gärten (oder Kakteen) nicht das Mindeste abgewinnen kann, wird diese Anlage faszinierend finden. Gebettet in das halbnatürliche Amphitheater eines ehemaligen Steinbruchs, gedeihen hier 10 000 Kakteen – 1100 Arten – in allen Formen und Größen: Hydranten, Blumenkohlohren, Maiskolben, Totempfähle, Riesengurken, Seesterne, Schlangen … Dalí-artige Finger aus Vulkangestein und eine Windmühle ergänzen die surreale Szenerie – eine der letzten Arbeiten Manriques und eine seiner liebsten.

Einige der 1100 Kakteenarten

KLEINE PAUSE

Das Caférestaurant ist sehr zu empfehlen (➤ 70). Für Ihre Eintrittskarte bekommen Sie zusätzlich ein kostenloses Getränk.

161 E1 ☎ 928 529 397; www.centroturisticos.com tägl. 10–18 Uhr (Einlass bis 17.45 Uhr) mittel

JARDÍN DE CACTUS: INSIDER-INFO

Nicht verpassen! Den alten Mann mit dem Schild **»Los Cochinillos«** am Parkplatz des Jardín de Cactus. Er demonstriert, warum gerade hier so viele Kakteen wachsen: Für die Koschenillelaus, aus deren Körperflüssigkeit man blutrote Karminfarbe (➤ 23ff) gewinnt, sind Kakteen ein idealer Lebensraum. Es sieht wirklich aus, als hätte der alte Mann Blut an den Händen, wenn er die bedauernswerten Winzlinge zerquetscht. Nichts für Zartbesaitete!

Tipp: Lassen Sie **Kleinkinder** nicht herumlaufen. Die Stufen sind unbewacht, der Boden ist uneben, und das scharfkantige Vulkangestein und die Kaktusstacheln sind erbarmungslos.

Außerdem: Wenn Sie jetzt auch einen Kaktusgarten anlegen möchten, besuchen Sie den **shop**, wo Sie (gut verpackte) Kakteen und andere hochwertige Souvenirs erhalten.

Nach Lust und Laune!

6 Costa Teguise

Dieser 1977 angelegte Ort streitet sich mit Playa Blanca um die Ehre, zweitgrößtes Touristenzentrum der Insel nach Puerto del Carmen zu sein. Zu Beginn war César Manrique beratend tätig und entwarf Park und Poolanlage für das Hotel Gran Meliá Salinas (➤ 71) und den Pueblo Marinero, einen belebten Platz mit Restaurants und Cafés sowie einer Bühne, auf der allabendlich Livebands spielen.

Ursprünglich als Treff für Reiche und Berühmte gedacht, etwa König Hussein von Jordanien und Spaniens Oberschicht, war der Ort dennoch alsbald keine exklusive Adresse mehr, und Manrique und viele der wohlhabenden Urlauber verloren das Interesse.

Es gibt drei goldene Strände, der größte ist die Playa de las Cucharas, die bei Windsurfern berühmt ist (➤ 27). Unweit vom Zentrum liegen ein Wasserpark (➤ 37) und ein Golfplatz (➤ 28).

163 E3

7 La Caleta de Famara

La Caleta de Famara erreicht man über die El Morro del Jable (»Sandnase«), eine öde, windige Ebene aus verbackenem Saharasand. La Caleta ist der kleine weiße Fischerhafen, Famara der Strand im Osten davon. Im Norden erhebt sich der Risco de Famara, einst ein Riff, fast 450 m hoch in die Luft – ein eindrucksvoller Hintergrund. Im Sommer ist der 3 km lange Strand eine Augenweide, aber im Winter ist der goldene Sand stumpfbraun, und oft verwehrt Nebel die Sicht auf die Klippen. Manchmal wird Müll an Land gespült, und schwimmen kann man hier zu keiner Zeit. Das aber scheint die vielen norwegischen Touristen in den Bungalows der Urbanización Famara hinter dem Strand nicht zu stören.

Es ist der richtige Ort zum Surfen und der beste, an dem Sie Kiteboarding lernen können (➤ 27f).

160 C2

Manrique und Famara

César Manrique verbrachte hier als Kind immer seine Ferien. Zu seinen unvollendeten Werken gehört ein Mirador auf den Klippen, unweit der Ermita de las Nieves in Peñas del Chache (➤ 144).

Ein Schmuckstück: Haría mit seinen schneeweißen Häuser und Alleen

Orzola liegt an der Nordspitze der Insel

8 Haría

Dieses schmucke kleine Dorf mit seinen kubischen weißen Häusern, die Hauptstadt der gleichnamigen Gemeinde im äußersten Norden der Insel, liegt im herrlichen »Tal der tausend Palmen« und wird gern mit einer nordafrikanischen Oase verglichen. Das Tal, das wegen seines Wasserreichtums einzigartig auf der Insel ist, lässt sich am besten von einem der *miradores* im Süden aus bestaunen (➤ 144ff).

Das relativ hoch gelegene Haria war einst für wohlhabende Inselbewohner, die vor der großen Hitze ins Bergland flohen, eine beliebte Sommerfrische.

Das Zentrum des Ortes bilden die (autofreien) hübschen Gassen rund um die baumbestandene Plaza León y Castillo mit einigen restaurierten Fassaden und der Kirche Nuestra Señora de la Encarnación. In der Nähe liegt das kleine Museo de Arte Sacro (Museum für sakrale Kunst).

Haría ist ein Treff für Künstler und Kunsthandwerker der Insel, die samstags hier zusammenkommen, um auf Lanzarotes größtem und bestem Kunsthandwerksmarkt ihre Produkte zu verkaufen (➤ 73).

César Manrique (➤ 10ff) lebte hier von 1988 bis 1992. Er hat in einem schlichten Grab seine letzte Ruhe gefunden.

163 E5

Museo de Arte Sacro

Plaza León y Castillo
Mo–Fr 11–13, 16–18 Uhr
preiswert

9 Mirador del Río

Ursprünglich ein militärischer Beobachtungsposten, 1898 im spanisch-amerikanischen Krieg errichtet, ist dies heute wohl der spektakulärste Aussichtspunkt des Archipels. César Manrique (wer sonst!) gestaltete ihn so, dass man weder am Eingang noch

Abseits der Touristenwege

Kurz vor Orzola kommen Sie an dem herrlichen weißen Strand Caletón Blanco vorbei. Ein unbefestigter Weg führt zu einer Lagune, deren Wasser klar, warm und für Kinder einfach ideal ist.

Für Kinder

- Exotische Vögel im Tropenpark von Guinate anschauen (➤ 38)
- Das Füttern von Tieren des Bauernhofs im Pardelas Parque (➤ 37)
- Plantschen im Wasserpark von Costa Teguise (➤ 37)
- Windsurfen an den geschützten Anfängerstränden von Costa Teguise
- Schwimmen in der kinderfreundlichen Lagune von Caletón Blanco (➤ siehe oben)

In Costa Teguise (oben) und Orzola (unten) findet sich immer ein Plätzchen zum Ausruhen

im gewundenen weißen Gang ahnt, was kommt, nämlich ein weiter Rundblick, fast wie aus der Luft, direkt auf El Río, Isla la Graciosa und die Inseln dahinter. Im Baujahr 1973 galt der Mirador del Río unter Architekten als eines der vier meistbeachteten Bauprojekte der Welt. Erst draußen wird Ihnen wirklich klar, wie atemberaubend dieser Ort ist – der Steilhang fällt 480 m in die Tiefe! Die rosa, orange und roten Flecken unten gehören zu den Salzpfannen der alten Salinas del Río.

Einmal Höhlenbewohner sein

- **Taro de Tahiche**: César Manriques faszinierendes Haus (► 54ff)
- **Jameos del Agua**: die umwerfende Traumgrotte (► 59ff)
- **Cueva de los Verdes**: Hier bahnte sich einst glühende Lava einen Weg (► 62)
- **LagOmar**: Sonntags gibt's hier Cooljazz (► 68)

161 E3 ☎ 928 526 551, www.centroturisticos.com
tägl. 10–17.45 Uhr · preiswert

10 Orzola

Das ganz im Norden der Insel gelegene kleine weiße Fischerdorf wird gern wegen seiner Restaurants, Bars und einiger Übernachtungsmöglichkeiten besucht. Hier ist übrigens Endstation für die meisten Fahrzeuge. Gleichwohl führt ein Feldweg 2 km weiter gen Norden zu einem herrlich goldenen Surfstrand, der Playa de la Cantería. Die Strömung ist tückisch, also nicht schwimmen!

In Orzola legt die Fähre zur Isla La Graciosa ab (► unten).

161 E4

11 Isla la Graciosa

Wenn Sie den Trubel hinter sich lassen wollen, sind Sie hier richtig. Es leben rund 500 Menschen auf der Insel, täglich kommen ein paar Hundert Tagesbesucher (meist Deutsche), aber auf 27 km² Inselfläche finden Sie sicher auch ein nettes Fleckchen für sich.

Die Fähre legt in Caleta del Sebo an, dem Hauptort der Insel, wo es ein paar recht gute Caférestaurants und ein paar einfache *pensiones* gibt, falls Sie über Nacht bleiben wollen. Südlich des Ortes liegt ein Campingplatz (melden Sie sich bei der Ankunft in der Oficina Municipal in Caleta del Sebo zum Campen an).
Der kleine Ort Pedro Barba, der nicht mehr ständig bewohnt ist, hat ein paar exklusivere Unterkünfte zu bieten.

La Graciosa lockt mit mehreren einsamen und goldfarbenen Stränden; die herrliche Playa de las Conchas (6 km von Caleta entfernt) ist einer der schönsten der ganzen Inselgruppe. Leider kann man wegen der starken Strömung hier nicht schwimmen.

Die unweit des Hafens gelegene Bahía del Salado ist der beliebteste Strand der Inselbewohner. Anhänger der Freikörperkultur suchen die Playa de la Cocina auf.

Auf der Insel fortbewegen können Sie sich entweder zu Fuß, auf einem Leih-Mountainbike oder in einem Taxi, das Sie von Caleta del Sebo aus über die holprigen Straßen schaukelt, an einem Strand absetzt und später wieder abholt. Mietwagen gibt es nicht. Beste Bedingungen finden Angler und Scubataucher.

Ihren Namen, »die Gnadenvolle«, hat die Insel ihrem Entdecker Jean de Béthencourt (➤ 13) zu verdanken, dem nach der langen Seereise von La Rochelle ihre raue Küste wie eine Verheißung erschienen sein muss. Er taufte auch die anderen Inseln des Chinijo-Archipels: Montaña Clara (lichter Berg), Alegranza (Freude) und Roque del Infierno (Höllenfels), sind heute allesamt unbewohnte Naturschutzgebiete.

Anreise: von Orzola aus mit der Fähre. Abfahrt Juli–Sept. 10, 12, 17 und 18.30 Uhr (letzte Rückfahrt 18 Uhr); Okt.–Juni 10, 12 und 17 Uhr (letzte Rückfahrt 16 Uhr). Die Fahrt dauert rund 15 Minuten.

Weitere Informationen (auf spanisch) unter www.graciosaonline.com.

161 D4

Auf La Graciosa einmal alles hinter sich lassen

Fische an der Leine

In Orzola und auf La Graciosa werden Fische noch traditionell an Wäscheleinen zum Trocknen aufgehängt.

LagOmar

Dieses außergewöhnliche, in den Berg gebaute Caférestaurant wurde von César Manrique in den 1970er-Jahren als Privathaus für Omar Sharif entworfen. Die Insulaner kommen gern hierher, doch Touristen erfahren meist nicht einmal von seiner Existenz. Der Stil ähnelt dem von Jameos del Agua (➤ 59ff). Angeblich soll Omar Sharif das Haus beim Kartenspiel wieder verloren haben ...

Anreise: Auf der Hauptstraße von Teguise kommend, biegen Sie Richtung Museo ab und fahren geradeaus, über den Kreisverkehr hinaus. Mehr über das Caférestaurant ➤ 68.
Über die angeschlossene Ferienwohnung informiert die Website www.lag-o-mar.com.

Wohin zum ... Essen und Trinken?

Preise
Die Preise gelten pro Person für ein Drei-Gänge-Menü ohne Getränke und Service:
€ unter 15 Euro €€ 15–25 Euro €€€ 25–30 Euro €€€€ über 30 Euro

NAZARET

LagOmar €€€
Das von Manrique als Wohnhaus für Omar Sharif konzipierte LagOmar erinnert an Jameos del Agua. Die Anlage schmiegt sich in eine Steilwand; die gewundenen weiß getünchten Gänge verbinden natürliche Höhlen und Nischen. Dazu Pflanzen, ungewöhnliche Objekte, sanftes Licht, leise Musik – fertig ist ein zauberhaftes Café.

Gehen Sie hinunter und am Swimmingpool vorbei in das schöne Restaurant mit Panoramablick. Serviert wird hier internationale Küche mit französisch-italienischem Schwerpunkt; erwarten können Sie Ente Magret oder Lachs en Papillote. In jedem Fall sollten Sie etwas Platz lassen für eines der wundervollen Desserts. An den Seiten des Pools laden kleine romantische Nischen, in denen Sie etwas trinken können, zum Sitzen ein.

An Sonntagen gibt es hier Live-Jazzmusik. Ein weiterer Vorteil ist, dass nur wenige Besucher der Insel diesen Ort kennen. Es stehen zwei Gästehäuser zur Miete zur Verfügung. Beide haben Zugang zu privaten Tennisplätzen und einem Swimmingpool.

163 D3 Klippen von Nazaret
928 845 665, www.lag-o-mar.com
Di–Sa 12–24, So 12–18 Uhr

TEGUISE

Acatife €€
Acatife (Teguises früherer Name) ist eines der ältesten Restaurants der Insel. Die traditionell in dunklem Holz gehaltenen Räume sind mit rosa Stofftischdecken und moderner Kunst dekoriert.

Die spanisch-kanarische Speisekarte enthält Köstlichkeiten wie Kürbissuppe mit Teigdeckel, Gurkensuppe mit Räucherlachs, Meerbrasse (*sama*) im Salzmantel, gegrilltes Zicklein und Rumpsteak.

Sonntags verwandeln sich zum Leidwesen mancher Gäste einige der Räume in verräucherte Imbissbuden, wenn die Besucher vom Markt in Scharen herüberkommen.

163 D4
Calle San Miguel 4
928 845 037
Di–Sa 12–16, 19–1 Uhr, So 9–16 Uhr

Bodega Santa Bárbara €–€€
Hinter der Kirche versteckt, teilt sich die nette kleine Tapasbar den Neubau im traditionellen Stil mit zwei kleinen Läden und einer Kunstgalerie. Terrasse auf zwei Ebenen, Jazz und Chill-out-Musik.

163 D4 Calle La Cruz
928 845 200
So–Fr 11–17 Uhr

La Bodeguita del Medio €–€€
Das atmosphärische kleine Café quillt meist über vor Gästen, manchmal sogar bis auf das Trottoir hinaus; zum Glück ist die Tapas-Karte in die runden Holztische geschnitzt.

In dem dazugehörigen Laden kann man hier auch örtliche Spezialitäten erstehen.

163 D4
Plaza Clavijo y Fajardo 5
928 845 680 Mo–Fr 12–21, Sa/So 12–16 Uhr

Café Jaleo €–€€
Dieses kunstvolle „Kulturcafé“ liegt in einem der charmanten traditionellen Gebäude mit Hof, wie sie für Teguise typisch sind. Serviert werden leckere Tapas, vegetarische Spezialitä-

ten und hausgemachte Desserts. Jeden zweiten und vierten Freitag im Monat und gelegentlich an Sonntagen wird Livemusik geboten (Jazz, Blues, Funk …).

163 D4 · Calle Flores 1 · 928 845 663 · So–Fr 11–spätnachts

Ikarus €€€€

Eines der besten Restaurants der Insel – zum Staunen oder für besondere Anlässe. Das Haus aus dem 18. Jh. ist liebevoll restauriert; Kerzenlicht und moderne Malerei sorgen für Atmosphäre. Die Küche ist französisch-international und enttäuscht selten. Beginnen Sie mit Feuer und Eis (warme Avocado zu eisgekühltem Gazpacho), geräuchertem Tunfisch oder Guanapaysalat (mit Speck und Hühnerleber), kosten Sie das Lammfilet mit Rosmarinjus, Lachs in Safransauce oder Entenbrust in Cassis. Gute Auswahl auch für Vegetarier. Angenehm wenig Gäste und ausgezeichneter Service.

163 D4 · Plaza del 18 de Julio · 928 845 332 · Di–Sa 19–spätnachts

Patio del Vino, Palacio del Marqués €€

Das erlesene Garten-Caférestaurant im ältesten Haus der Stadt (➤ 139ff), gehört zu den schönsten Lokalen der Insel. Der deutsche Inhaber, ein Weinkenner, und sein freundliches Team leiten Sie beim Probieren edler Sorten an, dazu bekommen Sie hervorragende Tapas und Spezialitäten der Insel. Es gibt auch Kaffee und Kuchen.

163 D4 · Calle Herrera y Rojas 9 · 928 845 773 · Mo–Fr 12–20, So 9.30–16 Uhr

La Tahona €–€€

Einheimische und Touristen drängen sich in diesem rustikalen Caférestaurant nahe dem Convento de Santo Domingo. Probieren Sie ein altes Bauerngericht wie Rippchen mit Maiskolben oder Großmutters Rindfleischeintopf oder typisch kanarische Gerichte wie Ziege, *ropa vieja* und *sancocho*. Auch Tapas werden gereicht.

163 D4 · Calle Santo Domingo 3 · 928 845 892 · tägl. 10–23 Uhr

HARÍA

Casa 'l Cura €€

In dem atmosphärischen alten Haus bekommen Sie authentische kanarische Gerichte (in den kleinen Räumen, die an den Cafébereich anschließen). Als Vorspeise zu empfehlen: Salat oder Räucherfisch, dann das marinierte Schwein oder frittiertes Zicklein mit Knoblauch. Sonntags gibt es *sancocho*, Hühnersuppe mit Nudeln und Gehacktem, und eine Fischsuppe mit gofio. Schließen Sie mit *torrijas con miel* (»Brotomelette mit Honig«). Das Obergeschoss mit dem großen Speisesaal und Panoramafenstern steht Reisegruppen zur Verfügung.

161 E2 · Calle Nueva (Hauptstraße zum Mirador del Río) · 928 835 556 · tägl. 12–17 Uhr

Dos Hermanos €€

Herrlich gelegen am schattigen Hauptplatz, ist das Dos Hermanos immer voll; nirgendwo lässt sich die Atmosphäre der Stadt besser aufnehmen als hier bei einem gemütlichen Drink. Wenn Sie etwas essen möchten, kosten Sie den frischen Fisch.

161 E2 · Plaza León y Castillo · 928 835 409 · tägl. 11–20 Uhr

El Cortijo de Haría €€–€€€

Das 200 Jahre alte Bauernhaus ist wunderschön restauriert. Man kann in den traditionell gemütlich-dunklen Räumen essen oder draußen auf der sonnigen Terrasse. Spanferkel, gegrilltes Lamm, Kaninchen mit Rosmarin und Grillgerichte sind die Spezialitäten des Hauses.

161 C2 · El Palmeral · 928 835 686; http://restaurantecortijo.crazy-canary.com · tägl. 12–18 Uhr (Juli–Sept. 20 Uhr)

ORZOLA

Charco Viejo €€

Einheimische wie Touristen lieben dieses nette Hafenrestaurant mit der offenen Küche, wo man dem Koch auf die Finger schauen kann. Seezunge, Tunfisch, Grillteller mit Fisch; wechselnde Fisch-Tagesgerichte.

161 E4 ✉ Calle La Quemadita
☎ 928 842 591 🕐 tägl. 8–22 Uhr

ARRIETA

Casa Miguel €–€€

Die hellblauen Stühle dieses traditionellen kleinen Fischrestaurants ergießen sich fast bis in den Hafen. Kosten Sie die Napfschnecken oder den frittierten Aal, dann frischen Fisch der Gegend wie Seebrasse oder *viuda*. Es gibt auch Fleisch, etwa Ziege oder Kaninchen. Fragen Sie den Kellner nach hausgemachten Desserts.

161 E2 ✉ Calle Garita
☎ 928 848 538
🕐 Di–Sa 12–19, So 12–17 Uhr

GUATIZA

Jardín de Cactus €–€€

Wenn Sie gut draußen essen wollen, zu einem vernünftigen Preis und mit phantastischer Aussicht, müssen Sie hierher kommen (► 63). Die runden Tische mit Regiestühlen auf der Terrasse aus Lavastein liegen angenehmerweise im Schatten, der von einer großen Markise aus Segelstoff gespendet wird. In modernem Ambiente wird überwiegend spanische Küche serviert: Knoblauchgarnelen, mariniertes Schwein und *solomillo* (Rinderfilet), aber auch argentinische Wurst und ausgezeichnete Snacks und Baguettes. Sehr guter Kaffee, ebenso guter Service.

Achtung: Sie müssen Eintritt (mittel) zahlen, um hier zu essen, aber es lohnt sich, und im Eintrittspreis ist ein Getränk inbegriffen.

163 C4 ✉ Guatiza
☎ 928 529 397
🕐 tägl. 10–16 Uhr, Bar 10–17.45 Uhr

COSTA TEGUISE

El Pescador €€

Das El Pescador mit seinem ungewöhnlich gestalteten Interieur aus feinen, handgeschnitzten Holzpaneelen, auf denen Szenen aus dem traditionellen Inselleben dargestellt sind, kann den Besucher faszinieren oder verwirren. Es ist eines der besten Meeresfrüchte-Restaurants in Costa Teguise. Sie können auch draußen sitzen, von wo aus Sie einen schönen Blick auf die geschäftige Plaza Pueblo Marinero haben. Zu den Spezialitäten zählen Zarzuela, Paella, Barsch in grüner Soße und Riesengarnelen in Knoblauch.

163 C3 ✉ Plaza Pueblo Marinero
☎ 928 590 874 🕐 Mo–Sa 15–23 Uhr

Patio Canario €–€€

Etwas abseits vom Hauptbereich der Plaza Pueblo Marinero gelegen, hat sich Patio Canario auf Tapas und *pinchos* (Snacks) spezialisiert. Die Platten – Schinken, Käse, Fleischspieße, iberisches Fleisch, Jabugo-Schinken und Häppchen – sind ideal für Familien. Tapas und *pinchos* gibt's schon für 1 Euro.

163 C3 ✉ Plaza Pueblo Marinero
☎ 928 346 234 🕐 tägl. 12–24 Uhr

La Jordana €€–€€€

Lassen Sie sich von der unattraktiven Lage und dem nüchternen Äußeren nicht abschrecken – dieses stilvolle Restaurant, vor über 20 Jahren eröffnet, gehört zu den besten der Stadt. Es ist bei Einheimischen und Besuchern gleichermaßen beliebt und wird auch von der spanischen Königsfamilie und ihrem Gefolge besucht. Sie können im traditionell ländlich ausgestatteten Hauptraum essen oder auf der verglasten Terrasse. Die lange Speisekarte enthält spanische Gerichte und einige internationale Klassiker, wie Burgunderschnecken und Roquefort auf Chicorée. Zu den Spezialitäten gehören einheimischer Fisch, Grillgerichte (etwa Zicklein oder Kaninchen), Lachs Hollandaise und Barsch Suprème.

163 E3
✉ CC Lanzarote Bay, Calle Los Geranios
☎ 928 590 328
🕐 Mo–Sa 12–16, 18.30–23.30 Uhr

Wohin zum … Übernachten?

Preise
Für ein Doppelzimmer pro Nacht gelten folgende Preise:
€ unter 60 Euro **€€** 60–90 Euro **€€€** 90–120 Euro **€€€€** über 120 Euro

COSTA TEGUISE

Beatriz Costa and Spa €€€€
Das riesige 4-Sterne-plus-Hotel am Ende des Ortes ist nicht zu verfehlen. Wenn Sie es groß und protzig mögen und nur mit den edelsten Badeeinrichtungen zufrieden sind, dann sind Sie hier genau richtig. Alle 349 Zimmer haben Balkon oder Terrasse mit Blick über den Pool und tropische Gärten.

163 E3
Calle Atalaya 3
928 590 828
www.beatrizhoteles.com

Gran Meliá Salinas €€€€
Gebaut Ende der 1970-Jahre als eines der ersten Hotels im Ort, sieht das Salinas trotz Renovierung allmählich etwas überlebt aus. Das 5-Sterne-Luxushaus gehört zu den besten Adressen der Insel und ist Mitglied der Organisation Führende Hotels der Welt. César Manrique entwarf die Wand im Foyer sowie den herrlichen Pool und den Garten. Alle der über 300 Zimmer blicken auf den schönsten Strand des Ortes, Playa de Las Cucharas. Minigolf, drei Tennisplätze und ein Beauty- und Wellnesscenter stehen zur Verfügung.

Wenn Sie sich wirklich einmal etwas gönnen wollen, mieten Sie eins von zehn traumhaft romantischen Gartenhäusern mit jeweils eigenem Swimmingpool.

163 E3
Avenida Islas Canarias 16
928 590 040
www.solmelia.com

Mansión Nazaret €€
Das charmante mittelgroße, dreistöckige Aparthotel ist zweifellos die urigste Unterkunft im Ort; die Fassade schmücken typisch kanarische Balkone aus Schmiedeeisen und dunklem Holz. Das Foyer ist im Jugendstil gehalten, Zimmer und Aufenthaltsräume im ländlichen Stil der vorletzten Jahrhundertwende.

Es gibt einen schönen Swimmingpool (im Winter beheizt) mit Palmen, und der nächste Strand ist nur 200 m entfernt.

163 E3
Avda. Islas Canarias 1
928 590 801, 928 590 416
www.mansionnazaret.com

Occidental Grand Teguise Playa €€
Das beliebte, kürzlich renovierte 4-Sterne-Hotel hat 314 Zimmer und liegt über dem kleinen Strand von Playa del Jablillo. Sämtliche Zimmer verfügen über eigene Terrassen, bieten einen Blick aufs Meer und bieten alle modernen Annehmlichkeiten. Das Atrium ist mit zahllosen tropischen Pflanzen ausgestattet. Zur Anlage gehören zwei große Swimmingpools. Für das leibliche Wohl sorgen ein italienisches und ein spanisch-kanarisches Restaurant.

163 E3 **Avenida del Jablillo**
928 590 654,
www.occidental-hoteles.com

LOS VALLES

Casa El Aljibe €€€
Diese großartige rustikale Unterkunft liegt in der ruhigen ländlichen Umgebung von Los Valles; die antike unterirdische Zisterne (*aljibe*) mit ihren hohen Gewölben ist zweifellos das schönste »umfunktionierte«

Objekt der Insel. Mineralablagerungen haben über viele Jahre ein herrlich buntes Mauerwerk geschaffen. Das Wohnzimmer (mit TV und Hifi-Anlage) liegt ganz unten, und das Schlafzimmer auf mittlerer Ebene ruht auf alten Holzsparren. Das hereinfallende Licht wird durch schmale hohe Fenster gebündelt. Die große, gut ausgestattete Küche liegt überirdisch und blickt auf ein Hof- und Gartenidyll mit einem Schatten spendenden Feigenbaum. Ein Swimmingpool mit Whirlpool steht zur Verfügung (auch für Gäste von nebenan).

161 D1
Calle San Isidro 72
928 804 209;
www.lanzaroteisland.com/villas

HARÍA

Casa Villa Lola y Juan €€–€€€€

Das große Landgut im Ortszentrum, inmitten üppiger Obsthaine und Weinberge gelegen, ist ein Aparthotel, das Swimmingpool, Solarium mit herrlichem Blick über Haría, eine Teestube und andere Annehmlichkeiten bietet.

Verschiedene Apartments stehen zur Auswahl: zwei Doppelzimmer, zwei Suiten, eine Master-Suite (mit Luftsprudelbadewanne) und ein Studio, alle mit großer Terrasse und individuell eingerichtet mit originalen oder Retromöbeln aus den 1930er-Jahren. Frühstück inklusive.

161 E2
Calle Fajardo 16
928 835 070,
www.villalolayjuan.com

YE

Finca La Corona €€€–€€€€

Im äußersten Norden der Insel, im Schatten des mächtigen Monte Corona, liegt das alte Gutshaus, das in sechs gehobene Ferienunterkünfte umgewandelt wurde (fünf für jeweils vier Personen, eine für zwei Personen). Ein Hort des Friedens und der Ruhe, bietet es spektakuläre Ausblicke in alle Richtungen.

Die Fincas (ein- oder zweistöckig) sind groß und gut ausgestattet: Es gibt Marmorbäder, mit naturbelassenem Holz dekoriert, Satelliten-TV und CD-Spieler und eigene Terrassenbereiche. Allen Gästen zur Verfügung stehen ein beheizter Swimmingpool mit Kinderbecken, ein Grillbereich; außerdem kann man Mountainbikes ausleihen.

Die landschaftlich sehr reizvolle Umgebung lädt zu Spaziergängen ein, etwa zur Playa del Risco, die direkt unterhalb des Mirador del Río liegt – einer der schönsten und einsamsten Strände der Insel.

161 E3
Las Rositas 8
902 363 318,
www.rural-villas.com

SÓO

Casa Blanca €

Wenn Sie sich lieber abseits vom Rummel entspannen wollen, ist dieses hübsche kleine Ferienhaus im Örtchen Sóo an der Straße nach Caleta de Famara der Ort Ihrer Wahl. Es stehen fünf gemütliche Doppelzimmer im ländlichen Stil bereit. Es gibt einen Swimmingpool, einen Tennisplatz, eine Bücherei und einen Aufenthaltsraum samt Küche für die Gäste sowie zwei Badezimmer für alle.

Carole, die großartige französische Wirtin und exzellente Köchin, kocht dreimal pro Woche abends, gern auch für Vegetarier.

Carole ist außerdem eine kompetente Führerin und begleitet ihre Gäste (kostenlos) in den Nationalpark Timanfaya.

Mit ihrem 12-m-Segelboot bringt sie ihre Gäste in kleine Buchten oder, wenn einem das Glück hold ist, auch in die Nähe von Delfinen, und nebenbei hat die charmante Gastgeberin noch Zeit für (Reflexzonen-)Massagen, Aromatherapie und Wassergymnastik!

160 B1
Calle de los Parranderos 3
928 526 140

Wohin zum ... Einkaufen?

TEGUISE

Mit seinen autofreien Sträßchen und der beschaulichen historischen Kulisse macht Teguise das Einkaufen selbst für Shoppingmuffel zum Erlebnis.

Vor allem Kunsthandwerk, Schmuck und Kleidung bekommen Sie hier, alles in guter Qualität. Schnäppchen werden Sie kaum finden, vieles hier sind handgefertigte Einzelstücke. **Kleidung: Indigo** (gegenüber Convento Santo Domingo) bietet eine breite Palette für Frauen jeden Alters. **La Route des Caravanes** (Galería La Villa, Plaza Clavijo y Fajardo 4) führt exotische marokkanische Kleidung, Accessoires und Haushaltsartikel. **Kunst und Kunsthandwerk:** Auf der Plaza Maciot de Béthencourt finden Sie **Tierra**, einen jungen Genossenschaftsladen, wo man die schönsten Töpferwaren der Insel bekommt, außerdem Uhren und Schmuck. **Jeronimo** nebenan verkauft schrillen Glasschmuck. Tienda Artesanía Lanzaroteña auf dem Hauptplatz hat eine gute Auswahl an Mitbringseln. **Antiquitäten: Emporium** – einmal unterhalb der Casa Cuartel sowie etwas abgelegener im alten Kino in der Calle Notas – hat sich auf Waren aus China spezialisiert.

Fast direkt neben dem Kino ist die **Galería Oe**, die Töpferwaren und Bilder mit Sand und Lava von der Insel anbietet.

Zur **Imbisspause** laden ein: **Calzados y Mojos** oder **Malvasia**, beide am Kirchplatz, oder die Bodeguita del Medio (➤ 68).

Viele Läden in Teguise haben samstags geschlossen, aber sonntags geöffnet.

HARÍA

Bei **Taller** Terrero auf der Plaza de la Constitución können Sie zusehen, wie Steinzeugwaren mit Sand und Vulkanstein hergestellt werden. Etwas weiter in der Straße finden Sie eine artesanía, einen der von der Regierung unterstützten Kunsthandwerksläden. El Palmeral Artesanía verdient einen Besuch; bei La Naturaleza bekommt man Kleidung und Kunsthandwerk.

COSTA TEGUISE

Einkaufen beschränkt sich hier im Wesentlichen auf öde *centros commerciales*. Es gibt Filialen von Planet und Indigo neben dem Pueblo Marinero und eine von La Tierra auf dem Platz, aber das Angebot ist längst nicht so üppig wie in Teguise.

MÄRKTE

Costa Teguise. Freitags ab 18 Uhr findet auf dem Pueblo Marinero ein Kunsthandwerksmarkt statt.
Haría ist Standort des größten Kunst(handwerks)markts der Insel. Jeden Samstag bekommen Sie hier Korbwaren, Sand-und-Vulkanstein-Souvenirs, Kakteen, Weine und Esswaren von der Insel, Schmuck aus Lavastein und Olivin. Qualität und Preise sind hoch.
Teguise: Der Sonntagsmarkt hier ist der größte der Insel. Hier trifft echtes Kunsthandwerk (Lederartikel, Kleidung, Bettwäsche, Spitze, Stickereien, Keramikwaren, Holzschnitzereien) auf Schund (Kopien von Fußballtrikots, Strandtücher mit Scherzmotiven und billige Uhren).

Arte Ceramica

Ein Umweg, der sich lohnt: In Teseguite (➤ 146) wohnen und arbeiten die Künstlerin Anneliese Guttenberger und der Töpfer Stefan Schultz. Es ist ein wunderschöner Ort, und niemand drängt Sie zum Kauf eines teuren Originals. Eine schöne Alternative sind die bezahlbaren Drucke und Töpferwaren. Geöffnet Mo-Fr 11–17 Uhr, Tel. 928 845 650, www.aguttenberger.com.

Wohin zum … Ausgehen?

NACHTLEBEN

Zwei der schönsten und ungewöhnlichsten Nachtlokale der Insel liegen im Norden: **Jameos del Agua** (➤ 59ff) und **LagOmar** (➤ 67), beides Manrique-Entwürfe. Machen Sie sich schick! Shorts sind verboten.

Jameos del Agua und Cueva de los Verdes verfügen über Hallen, wo gelegentlich klassische Konzerte stattfinden, aber auch das jährliche Festival visueller Musik, das 1989 aus einer Zusammenarbeit des einheimischen Künstlers Ildefonso Aguilar mit dem britischen Musiker Brian Eno entstand.

Das Nachtleben von Costa Teguise beginnt am Pueblo Marinero mit Livemusik und zahlreichen Cafés. Ebenfalls beliebt sind die Avenida Islas Canarias und das CC Toca; ein netter Nachtclub ist der Fun Pub Camelot im CC Punta Jablillo.

WASSERSPORT

Die besten Bedingungen fürs Windsurfing bietet **Costa Teguise**; hier finden seit über zehn Jahren Weltmeisterschaftswettbewerbe statt.

Zwei gute Anbieter sind: **Windsurf Paradise** (Tel. 928 346 022, www.windsurflanzarote.com) und **Windsurfing Club Nathalie Simon** (CNS) (Tel. 928 590 731, www.sportaway-lanzarote.com), wo das Angebot Surfen, den Verleih von Boogieboards und Kajaks sowie Trekking- und Mountainbiketouren umfasst.

Der Strand von **Famara** gehört den Surfern und Kiteboardern. Die **Famara-Surfschule** ist für Anfänger und Fortgeschrittene; Kinder können ab neun Jahren mit dem Boogieboard anfangen (Tel. 928 528 676, www.famarasurf.com).

Surf San Juan hält Kurse für Anfänger und Fortgeschrittene ab (Calle Arrufo 5, Tel. 928 528 548).

Wenn Sie Kitesurfen lernen möchten (➤ 27), melden Sie sich bei **Costa N-Oeste** (»NorOeste«) zum Surfcamp an (Tel. 928 528 597, www.costanoroeste.com).

TAUCHEN

Zum Tauchen ist **Costa Teguise** die richtige Adresse. Einige empfehlenswerte Schulen sind: **World of Sport & Fun Dive Centre**, Calle Marrajo 13 (Tel. 928 346 114); **Aquatis Diving Center/Diving Lanzarote**, auf der Promenade der Playa de las Cucharas (Tel. 928 590 407, www.aquatis-lanzarote.eu); **Calipso Diving**, Avenida de las Islas Canarias (Tel. 928 590 879, www.calipso-diving.com). **Native Diving** bietet Tauchen und Surfen an: Hotel Barcelo, Avenida del Mar, Tel. 928 346 096, www.nativediving.com.

Die Reserva Marina del Archipélago Chinijo (➤ 48), Orzola und La Graciosa bieten die besten Bedingungen zum Tauchen und Hochseefischen. Infos und Buchung bei Punta Fariones im Punta-Fariones-Fischrestaurant in Orzola, Tel. 928 842 558, www.buceolanzarote.com.

RADFAHREN

In Costa Teguise gibt es **Tommy's Bike**, Tel. 928 592 013, www.tommys-bike.com; Hot Bike, Tel. 928 590 304 und das **Tracks Mountain Bike Centre**, Tel. 928 592 028. Die Website www.bicyclemania.co.uk (auf englisch) ist den Fahrradwegen auf Lanzarote gewidmet. Canary Trekking (www.canarytrekking.com) organisiert Mountainbike-Touren auf La Graciosa. Außerdem können auf der Insel in Caleta del Sebo Fahrräder gemietet werden.

Die Inselmitte

Erste Orientierung 76
In drei Tagen 78
Nicht verpassen! 80
Nach Lust und Laune! 86
Wohin zum … 88

Erste Orientierung

Den mittleren Abschnitt der Insel prägen die Inselhauptstadt Arrecife und der größte Ferienort der Insel, Puerto del Carmen. Einst von Reiseführern und Einheimischen einhellig geschmäht als – wie César Manrique sich ausdrückte – »gnadenlos zubetoniert«, hat Arrecife einen radikalen Wandel durchgemacht. Ein Besuch hier könnte die angenehmste Überraschung Ihres Aufenthalts werden.

In Puerto del Carmen weiß man sofort, woran man ist: Die langen Sandstrände und unzähligen Restaurants, Bars, Clubs und Läden an der Promenade lassen keinen Zweifel daran, dass es hier um den Spaßfaktor geht.

Wenn Ihnen der Sinn nach Geschichte, Kultur und Sehenswürdigkeiten steht, müssen Sie ins ländliche Herz der Insel fahren. Im Museo Etnográfico Tanit von San Bartolomé und im Museo Agrícola El Patio von Tiagua erfahren Sie alles über die letzten zwei Jahrhunderte auf der Insel. Immer mehr Besucher nehmen hier, in den eleganten *casas rurales* und *hoteles rurales*, auch ihre Unterkunft.

Wenn das moderne Lanzarote Sie interessiert, steigen Sie in den Bus nach Arrecife oder nehmen Sie den Wasserbus nach Puerto Calero, um den luxuriösen Yachthafen zu bestaunen.

Shoppen in Arrecife, am Strand liegen in Puerto del Carmen …

★ Nicht verpassen!

1 **Puerto del Carmen** ➤ 80
2 **Puerto Calero** ➤ 82
3 **Arrecife** ➤ 83

Nach Lust und Laune!

4 San Bartolomé ➤ 86
5 Casa Museo y El Monumento al Campesino ➤ 86
6 Bodegas El Grifo ➤ 86
7 Museo Agrícola El Patio ➤ 86

…und am Hafen zu Mittag essen

Die Inselmitte in drei Tagen

Erster Tag

Vormittags

Nehmen Sie den Bus nach 3 **Arrecife**, steigen Sie am Gran Hotel aus und unternehmen Sie einen kleinen Spaziergang (➤ 137); so können Sie sich die Läden anschauen, ehe sie über Mittag schließen. Gehen Sie zu Fuß weiter oder nehmen Sie ein Taxi zum Castillo de San José (unten) mit seiner Sammlung moderner Kunst, um anschließend beim Mittagessen das herrliche Seepanorama zu genießen.

Nachmittags

Fahren Sie mit dem Bus zurück nach 1 **Puerto del Carmen**(➤ 80f) und verbringen Sie den Rest des Tages dort am Strand, oder durchstreifen Sie Altstadt und Hafen und gönnen sich in einem der vielen Cafés einen Sundowner.

Zweiter Tag

Vormittags

Fahren Sie nach 4 **San Bartolomé**, um das hervorragende Museo Etnográfico Tanit (➤ 86) zu besuchen. Nach einem kurzen Blick in die Altstadt fahren Sie zum 5 **Monumento al Campesino** und essen hier (➤ 86).

Nachmittags

Fahren Sie weiter nach Norden zum 7 **Museo Agrícola El Patio** in Tiagua (Windmühle, gegenüber; ➤ 87). Schon wieder ein Museum, denken Sie? Keine Sorge, diese beiden sind so verschieden und so spannend, dass Sie gut zwei nacheinander verkraften. Zurück am Kreisverkehr am Monumento al Campesino, nehmen Sie (rechts) die LZ 30 südwärts, die Sie zu den 6 **Bodegas El Grifo** (➤ 86) führt. Probieren Sie ein paar Weine (natürlich nicht als Autofahrer!), fahren Sie dann auf der LZ 30 nach Südwesten bis zur Abzweigung nach La Asomada, und kehren Sie nach Puerto del Carmen zurück.

Dritter Tag

Vormittags

Sie fahren mit dem Wasserbus nach 2 **Puerto Calero** und verbringen einen (halben) Tag auf dem oder unter Wasser (➤ 82). Wenn Sie mittags schon zurück sind, essen Sie am Kai (oben) und besuchen dann das Wal-und-Delfin-Museum (➤ 96). Zurück in Puerto del Carmen, entspannen Sie sich am Strand oder Pool.

Nehmen Sie den Bus nach Arrecife. Wenn Sie noch Zeit haben, trinken Sie etwas an oder gleich hinter der Promenade, dann fahren Sie im Gran Hotel (➤ 90) in den 17. Stock und genießen ein Abendessen mit spektakulärem Blick über die nächtliche Insel im Altamar-Dachrestaurant.

Puerto del Carmen

Der größte und betriebsamste Ferienort der Insel und seine belebte Avenida de las Playas quellen über vor Cafés, Restaurants und Nachtlokalen. Malerisch präsentiert sich Puerto del Carmen in Altstadt und Hafen; die kleine Fischereiflotte fügt sich harmonisch in die Armada der Ausflugsboote ein, darunter eine Expressfähre nach Fuerteventura (➤ 40). Nahe dem Hafen wurde aus schwarzem Vulkanstein ein Platz samt Kinderspielbereich und Boule-Bahnen gestaltet, längst ein beliebter Touristentreff. Auf der Landseite ist er von offenen Cafés und Restaurants gesäumt, in denen an Sommerabenden die Gäste bis auf den Platz hinaus stehen.

Auf der anderen Seite steigt der Platz an und mündet in einen Weg entlang der Küste, der über die Klippen in den neuen Teil der Stadt führt. Auf dieser Galerie reihen sich Nobelrestaurants mit Panoramablick aneinander.

Hinter dem Hafen schmiegt sich ein Labyrinth enger Gassen an den Hang – die Altstadt mit einer Handvoll Restaurants, Bars, Cafés und Läden.

Vom Hafen aus sind es um die Landspitze herum fünf Minuten bis zum Hotel Los Fariones (➤ 91), das an der Playa Grande einen Logenplatz einnimmt. Der – unverbaute – Blick nach Süden ist phantastisch. Im Norden erstreckt sich der Strand, meist überfüllt, mit langen Reihen orangefarbener und blauer Sonnenschirme, im Hintergrund die Avenida de las Playas mit der größten Dichte an Läden, Restaurants, Cafés und Nachtclubs auf der Insel, der von den Touristen nur der »Strip« genannt wird. Dieses Band zieht sich über 3–4 km Länge hin.

Ein rund 1 km langer Felsenstreifen mit zwei kleinen Sandbuchten trennt die Playa Grande vom zweiten großen Strand des Ortes, Playa de los Pocillos, mit 1,2 km der längere Strandabschnitt.

Der touristisch ausgebaute Bereich, der Richtung Norden allmählich ruhiger wird, endet mit dem Strand. Von hier an säumen Wohnhäuser die Küstenstraße nach Arrecife; nur zwei große Hotels an der ziemlich verlassenen Playa Matagorda trotzen dem Lärm des an- und abgehenden Flugverkehrs am nahen Flughafen von Arrecife.

KLEINE PAUSE

Puerto del Carmen ist förmlich voll gestopft mit Lokalen (➤ 88ff).

Es gibt ein paar ruhige kleine Cafés am Hotel Los Fariones, in deren wunderschöner Gartenanlage Sie ebenfalls etwas zu trinken bekommen.

Playa del Grande (oben) und der alte Hafen (rechts)

162 B1

PUERTO DEL CARMEN: INSIDER-INFO

Top-Tipps: Sichern Sie sich am späten Nachmittag, bevor es zu voll und der Geräuschpegel zu hoch wird, in einem der Hafenrestaurants einen **Platz in der ersten Reihe**; sehen Sie zu, wie die Boote hereinkommen und die Sonne im Meer versinkt … Wow!

Machen Sie einen kleinen Ausflug mit dem **Wassertaxi** nach Puerto Calero, wo Sie an Yachten vorbeischlendern, am Wasser essen und das Wal- und-Delphin-Museum besuchen können (➤ 82).

Muss nicht sein! Die aufdringlichen Timesharing-Werber auf der Avenida de las Playas.

2 Puerto Calero

Der erste Yachthafen am Platz bietet Anlegestellen für über 400 Boote, vom Kreuzer bis zur Luxusyacht. Die meisten Touristen kommen nur hierher, um einen Ausflug auf einem Katamaran oder im U-Boot zu machen (► 96), aber Puerto Calero ist es durchaus wert, genauer betrachtet zu werden.

An dem mit Blumen geschmückten Pier reihen sich rund ein Dutzend Restaurants und Bars (► 89) mit ruhig-elegantem Ambiente aneinander. Einige Boote können gemietet werden oder bieten Tagesausflüge an, etwa zum Hochseefischen oder Tauchen (► 95f). Das Museum der Wale und Delfine ist den 25 verschiedenen Arten von Walen, Delfinen und Schweinswalen gewidmet, die in diesen Gewässern heimisch sind. Nebenan präsentiert die Galería de Arte die besten Künstler der Insel.

Anreise

Fahren Sie mit der *Ana Segundo (Ana II)*, dem »Express-Wasserbus«, von Puerto del Carmen aus. Das Boot geht einmal pro Stunde, kostet 7 Euro und braucht 15 Minuten (Tel. 928 514 322). Dreimal täglich fährt auch ein Ausflugsbus hierher, der in den Urlaubsorten hält. Tel. 928 513 022.

KLEINE PAUSE

Für einen Imbiss halten Sie am besten beim Café **McSorley's Bar** (► 89f).

Kreuzer, Katamarane, Luxusyachten – in der Marina liegt alles vor Anker, was des Seglers Herz höher schlagen lässt

162 A1 Mehr Informationen über Puerto Calero finden Sie unter www.puertocalero.com

Museo de Cetáceos de Canarias (Museum der kanarischen Wale und Delfine)
928 849 560, www.museodecetaceos.org
tägl. 10–18 Uhr, jeden 1. Di im Monat geschl.
teuer

Galeria de Arte
928 511 505
für Ausstellungen nur Di–Sa 11–14, 17–21 Uhr
frei

PUERTO CALERO: INSIDER-INFO

Top-Tipp: Leider das eigene Boot vergessen? Macht nichts. Freitags veranstaltet McSorley's Snug eine **Spaßregatta**, an der begeisterte Segler teilnehmen dürfen (► 95f).

3 Arrecife

Einst war sie für Touristen kaum mehr als eine Einkaufsmöglichkeit an Regentagen, doch hat sich die Inselhauptstadt in den letzten Jahren erstaunlich entwickelt und ist heute alles andere als ein Ausflugsziel zweiter Wahl. Die schönsten Winkel finden Sie auf dem hier empfohlenen Rundgang (➤ 134).

Arrecifes entstand um 1403 als Hafen der alten Hauptstadt Teguise (➤ 56ff). Der natürliche Hafen (Arrecife bedeutet »Riff«) ist von einem Ring aus Inseln und Riffen geschützt. Dies und die Nähe zu den reichen Fischgründen Nordafrikas führten dazu, dass sich hier die größte Fischereiflotte des Archipels entwickelte. 1852 wurde Arrecife Hauptstadt der Insel. Heute leben hier rund 40 000 Menschen, etwa 40% der Inselbevölkerung. Lange Zeit war die Stadt nur Handels- und Regierungszentrum, doch 1998 begann eine Reihe umfassender Umgestaltungsmaßnahmen, sodass jetzt auch immer mehr Touristen hierher kommen.

Herzstück der Stadt ist die neu gestaltete Promenade, **Avenida La Marina** (ehemals Avenida General Franco), die von tropischen Gärten gesäumt ist. Der Bilderbuchpavillon beherbergt die Touristeninformation; Fassaden aus verschiedenen Jahrhunderten bilden die Kulisse. Ein Dammweg führt zum ältesten Bau der Stadt, dem Castillo de San Gabriel

Das Castillo de San Gabriel zeigt wechselnde Ausstellungen

von 1590. Das frühere archäologische Museum zeigt zeitlich befristete Ausstellungen. Quasi gegenüber liegt die Casa de los Arroyos von 1749. Das schöne Beispiel für kolonialen (Wohn-)Stil, samt Hof und Holzgalerien, ist auch von innen zu besichtigen. Eine Ausstellung ist dem berühmten Physiker und Sohn der Stadt Don Blas Cabrera Felipe gewidmet.

Die Mischung der architektonischen Stile, der altmodischen Lädchen und trendigen Modeshops macht das Schlendern hier besonders kurzweilig. Oder Sie setzen sich in eines der vielen Straßencafés und sehen anderen beim Schlendern zu …

Unweit von hier steht die **Iglesia de San Ginés** von 1665 malerisch auf einem begrünten Platz. Sie birgt in ihrem herrlich restaurierten Inneren spätbarocke Statuen des Schutzpatrons der Stadt, San Ginés, und der Virgen del Rosario. Dahinter befindet sich eine große ruhige Lagune, der Charco de San Ginés, mit Fischerhäuschen, Booten und einer schönen Auswahl an Restaurants und Cafés.

Etwas weiter draußen am Ende des Hafens wartet die Hauptbesucherattraktion der Stadt, das **Castillo de San José**, das im 18. Jh. errichtet und von César Manrique restauriert wurde, um das international bekannte Museo Internacional de Arte

Malerischer Standort: San Ginés mit barocken Statuen. Das Castillo de San José (unten) beherbergt heute ein Museum für moderne Kunst

Contemporáneo (MIAC) aufzunehmen. Die Ausstellungen wechseln, aber vielleicht sehen Sie einen Picasso oder Miró und ganz sicher immer einen oder zwei Manrique. Der Kontrast zwischen dem dunklen alten Stein und der lebendigen modernen Kunst ist faszinierend. Die Burg beherbergt auch eines der besten Restaurants der Insel (➤ 90).

KLEINE PAUSE

In Arrecife kann man gut rasten und etwas essen oder trinken. Neben den empfehlenswerten Lokalen (➤ 90) gibt es zwei schöne Cafébars unweit der Calle de León y Castillo: die ***Bar Andalucia 1960*** in der Calle Inspector Luis Martin und ***La Recova*** in der Calle Ginés de Castro y Alvarez.

163 D2

Museo Internacional de Arte Contemporáneo (MIAC)
Castillo de San José, Avenida de Puerto Naos
928 812 321; www.centroturisticos.com
tägl. 11–21 Uhr frei

Arrecife lädt überall zum Verweilen ein

ARRECIFE: INSIDER-INFO

Top-Tipps: Während der **Siesta** zwischen 13 und 17 Uhr ist in Arrecife fast alles geschlossen.

Der Rundgang (➤ 134ff) zeigt Ihnen die unterschiedlichen Gesichter der Stadt.

Geheimtipp: In der Calle José Betancort liegt das 1974 von César Manrique gegründete **El Almacén** (»Lagerhaus«). Ursprünglich Kulturzentrum und elegante Galerie, machte das Haus allerdings Verluste und wurde 1989 von der Inselregierung übernommen. Heute ist die El-Almacén-Kunstgalerie nur zu Ausstellungen geöffnet. Angeschlossen sind das Kunsthaus Cinema Buñuel und das Caférestaurant *Pablo Ruiz Picasso.*

Außerdem: Das 17-stöckige **Gran Hotel** ist Lanzarotes umstrittenstes Gebäude. Ursprünglich errichtet vor dem Erlass der strengen Baugesetze, wurde es 1994 bei einem Brand zerstört und blieb zehn Jahre geschlossen. Konservative versuchten die Ruine zu kaufen, um sie dem Erdboden gleich zu machen, doch schließlich obsiegte der Mammon: Das neue Gran Hotel wurde im Juli 2004 eröffnet. Was immer Sie davon halten – es ist mit Sicherheit ein eindrucksvoller Anblick, ganz zu schweigen von dem Ausblick im obersten Stock (➤ 92).

Ein Muss! Der **Kunsthandwerksmarkt** am Mittwochmorgen bringt die Promenade in Schwung.

Nach Lust und Laune!

4 San Bartolomé

Die schöne alte Stadt bemüht sich, mehr Besucher anzulocken; Plätze werden umgestaltet und historische Gebäude erstmals für Publikum geöffnet.

Parken Sie irgendwo im Zentrum und besuchen Sie den herrlichen Hauptplatz, ein typisch kanarisches Ensemble aus Kirchen, Rathaus mit Balkon und einem kürzlich renovierten Theater. Gehen Sie über die zwei tiefer gelegenen Plätze zum Museo Etnográfico Tanit, einem Geheimtipp der Insel in einem schönen Herrenhaus des 18. Jhs. Hier erfahren Sie alles über Kultur, Traditionen, Kunsthandwerk, Landwirtschaft und Weinbau der Insel in den letzten 200 Jahren. Die zahlreichen Zeugnisse vergangener Zeiten – Trachten, Weinbaugeräte, Musikinstrumente – sind ansprechend in Szene gesetzt. Hauptbereich ist der ehemalige Weinkeller, aber verpassen Sie nicht die Kapelle oder das Princessa-Ico-Zimmer unten mit der Puppe eines Diablete von Teguise (► 29f).

162 C3

Museo Etnográfico Tanit

Calle Constitución
928 520 655, www.museotanit.com
Mo–Sa 10–14 Uhr
mittel (Kinder unter 12 frei)

5 Casa Museo y El Monumento al Campesino

Dieses bizarre 15 m hohe kubistische Monument, das genau die Mitte der Insel markiert, wurde von César Manrique zu Ehren der unerschütterlichen *campesinos* (Feldarbeiter) von Lanzarote entworfen. Es besteht aus Wassertanks von alten Booten und soll einen Bauern mit Hund und eine Ratte darstellen. Die viel fotografierten traditionell weißen Häuser unterhalb davon sind Reste eines alten Dorfes und beherbergen ein Restaurant (► 90). Hinter dem Durchgang rechter Hand finden Sie ein Gebäude mit Ausstellungsraum und Kunsthandwerksläden.

162 C3
928 520 136, www.centroturisticos.com
tägl. 11–17 Uhr **frei**

Das Museo Etnográfico Tanit erzählt aus der Vergangenheit

6 Bodegas El Grifo

Diese charmante Bodega von 1775 ist die älteste noch betriebene Weinkellerei der Kanaren. In den Kellern ist eine schöne Ausstellung mit alten Weinpressen und sonstigem Zubehör zu bewundern. Anders als in den meisten Bodegas, wo man im Stehen aus winzigen Gläsern probiert, gibt es hier ein hübsches, rustikales Lokal, wo Sie Wein im Glas (voll oder halb) bestellen und sich in Ruhe hinsetzen können.

162 B3
Carretera La Geria–Mozaga (LZ 30)
928 524 951, www.elgrifo.com
tägl. 10.30–18 Uhr
frei

7 Museo Agrícola El Patio

Der 1845 gegründete Hof ist der älteste seiner Art auf der Insel und ein phantastisches Freilichtmuseum.

Das Haus, das heute Teile des ethnografischen Museums enthält, wurde Anfang des 19. Jhs. errichtet und war bis 1949 bewohnt. Der seinerzeit größte Hof der Insel beschäftigte 20 Arbeiter. Es gibt immer noch zwei Windmühlen: einen wunderschön restaurierten und äußerst fotogenen *molino* (die frei stehende gemauerte Variante) und eine ebenso hübsche *molina* (ein hölzerner Anbau). In dem langen Holzbau zwischen den beiden Windmühlen befinden sich die ethnografischen Exponate, die einen guten Einblick in das Landleben der letzten 200 Jahre geben. Besuchen Sie unbedingt das stimmungsvolle Weinmuseum mit alten Flaschen und Geräten; in der angrenzenden Bodega bekommen Sie ein Gläschen einfachen Hauswein und eine kleine Auswahl Tapas (im Eintritt inbegriffen). In besseren Zeiten hielt man hier 15 Arbeitskamele, heute teilt sich eines seinen Pferch mit zwei Eseln – als Touristenattraktion.

162 B4
Tiagua
920 529 134, http://elpatio.turincon.com
Mo–Fr 10 bis 17.30, Sa 10 bis 14.30 Uhr
mittel (Kinder frei)

Für Kinder

- **Museo Etnográfico Tanit**, San Bartolomé (► 86)
- **Walmuseum**, Puerto Calero (► 82)
- **Rancho Texas**, außerhalb von Puerto del Carmen (► 38)
- **Museo Agrícola El Patio** (► unten)

Abseits der Touristenwege

Die Casa del Mayor Guerra außerhalb von San Bartolomé ist ein imposantes Herrenhaus von 1768, ehemals Sitz des Militärgouverneurs. Kürzlich in ein Museum umgewandelt, beherbergt das Gebäude außerdem ein typisch kanarisches Restaurant und einen Kunsthandwerksladen.

am Rand des Dorfes
928 522 351
Mo–Sa 10–18 Uhr **mittel**

Das Museo Agrícola führt den Unterschied zwischen *molino* und *molina* vor Augen

Wohin zum… Essen und Trinken?

Preise
Die Preise gelten für ein Drei-Gänge-Menü ohne Getränke und Service:
€ unter 15 Euro **€€** 15–25 Euro **€€€** 25–30 Euro **€€€€** über 30 Euro

PUERTO DEL CARMEN

Bodega €€–€€€
Die Bodega besitzt zwei Eingänge; in der rustikalen Tapasbar bekommen Sie iberische Pastete mit Sauce Cumberland, Rührei mit Riesengarnelen oder frittierten Ziegenkäse mit Preiselbeeren, dazu ein Glas des hervorragenden Hausweins. Das Restaurant bietet eine verlockende Auswahl an Steaks, Spießen etc. Donnerstags gelegentlich Livemusik.

162 B1
Calle Roque Nublo 3, Altstadt
928 512 953
tägl. 13–24 Uhr

Bodegón El Sardinero €€–€€€
El Sardinero hat zwei Restaurants im Hafen, die beide für Fisch berühmt sind. Das größere, elegantere von beiden befindet sich am unteren Platz. Der schöne Speiseraum liegt über einem beliebten Café und bietet einen guten Blick über den Hafen. Spezialitäten: Xato, ein katalanischer Salat mit Kabeljau, Anchovis und Eiern in Romesco-Sauce; Carpaccio vom Tunfisch und in Salz gebratener Fisch. Ein paar Meter oberhalb, dort wo die »Balkon«-Restaurants beginnen, finden Sie das andere El Sardinero, klein und gemütlich mit roten Stofftischdecken.

162 B1
Calle Tenerife (oberes Restaurant)
928 512 128
Calle Nuestra Señora del Carmen
928 511 847, 928 512 128
beide tägl. 12–23 Uhr

La Cañada €€€
Das Restaurant gehört zu den etabliertesten und beliebtesten der Insel und hat seit 20 Jahren denselben Inhaber und Koch. Das Ambiente ist elegant-rustikal, die Speisekarte lang.

Spezialitäten: internationale und einheimische Top-Hits wie Riesengarnelen-Spieße, gratinierte Seezunge auf Spinatbett, in Salz gebratener Fisch, gebratenes Lamm, Kalbsfilet mit Pastete und Speck, Hummer Thermidor, flambiertes Steak, Steinbutt, Langusten und Taschenkrebse … und zum Abschluss etwas Flambiertes!

162 B1
Calle César Manrique
928 510 415
Mo–Sa 12–24 Uhr

O Botafumeiro €€€
Das am Ende der Avenida de las Playas gelegene Restaurant hat sich auf galizische Küche spezialisiert und ist eines der angesehensten im Ort. Die Lage im Einkaufszentrum ist wenig attraktiv, das Lokal selbst mit seinem Fliesendekor und gestärkten weißen Tischdecken ist aber durchaus ansprechend. Zur Auswahl stehen u.a. Langustino-Cremesuppe mit Armagnac, gratinierte Jakobsmuscheln oder glasierte Krabben auf Toast. Spezialitäten: Glasaal baskisch, Steinbutt in Wein, *cazuela* und Lamm sowie flambierte Gerichte. Als Dessert zu empfehlen: Santiago-Mandelkuchen.

162 B1
Costa Luz, Avenida de las Playas (gegenüber Hotel San Antonio)
928 511 503
Mi–Mo 12–24 Uhr (Küche 12–16, 19–24 Uhr)

Lani's Grill €€
Diese Filiale der beliebten Lani's-Kette (► 44) ist kleiner und ge-

mütlicher als die anderen an der Promenade. Das intime Bodega-Dekor lässt vergessen, dass man bei einer Restaurantkette isst. Schon im Fenster locken Steaks, Spieße, Fisch, Huhn und Burger, und so mancher lässt sich vom Duft des Grills verführen.

162 B1
Avenida de las Playas/Calle Cenobio
928 510 020
tägl. 17–24 Uhr

MÁCHER

La Cabaña €€€€

Darren, der freundliche Inhaber und Koch, stammt aus Yorkshire und kocht europäisch-mediterran. Das charmante kleine Restaurant ist modern, aber im Stil der Insel eingerichtet; die orangefarbenen Wände zieren moderne Bilder.

Die Gerichte wechseln monatlich; hier eine Auswahl: gebratene Schweinelende, gefüllt mit Früchten und Serranoschinken, dazu Apfelbrei; Hummer; Jakobsmuscheln mit Ingwer und Zwiebeln. Vegetarier freuen sich über Julienne vom Mischgemüse im Blätterteig mit Tarragon-Sauce oder Roquefort-Soufflé mit gedünsteter Birne und Walnuss-Salat. Desserts: Brot-und-Butter-Pudding, Karamellpudding und Zitronentarte. Es gibt nur zwölf Tische, also unbedingt rechtzeitig reservieren.

163 E3
Carretera Mácher-Yaiza (LZ 2)
646 523 089, 650 685 662
Mo–Sa ab 19 Uhr

La Tegala €€€€

Dieses beeindruckende Designer-Restaurant ist die Idee von Antonio Hernandez, der seit langem auf Lanzarote lebt. Das gewagte, moderne, aber dennoch landestypische Gebäude liegt hoch auf einem Hügel und bietet mit umlaufenden Fenstern eine hervorragende Rundumsicht von Arrecife bis Fuerteventura. Hier erleben Sie eine moderne spanisch-kanarische Küche und elegante Atmosphäre mit Leinentischdecken, feinem Porzellan und komfortablen Ledersesseln. Wählen Sie als Vorspeise Terrine de Foie gefüllt mit kanarischem Quittengelee und einer Vinaigrette aus Palmhonig, probieren Sie dann gegrilltes iberisches Schweinefleisch mit Gemüse, Süßkartoffeln, Banane und geräuchertem Ziegenkäse und gönnen Sie sich zum Dessert ein Soufflé aus heißer Valrhona-Schokolade mit Kokoscreme und Thymianeiscreme. Zu weniger formellen Anlässen können Sie auch Tapas oder ein leichtes Gericht an der einladenden Bar einnehmen oder nur einen Drink genießen. Elegante Kleidung ist in jedem Fall angemessen!

165 E3
Carretera de Tías a Yaiza, 60
928 524 524
Di–Sa 14–16.30, 20–23.30, Mo 20–23.30 Uhr

PUERTO CALERO

Alle aufgeführten Restaurants liegen an der Promenade.

El Bar del Club (Almura-Restaurant) €€€€

Das blendend weiße, freistehende Haus, das an die großen Villen des amerikanischen Südens erinnert, ist nicht zu verfehlen.

Hier sind Sie richtig, wenn Sie mal so richtig auf den Putz hauen wollen. Die Einrichtung ist elegant, die Küche Nouvelle Cuisine mit spanischem und einheimischem Touch.

Vorspeisen: foie gras, iberischer Maisschinken und geeiste Knoblauch-Mandel-Suppe. Hauptspeisen: Seepapagei mit Napfschnecken und Wildchampignons, Spanferkel, Wildschwein mit Kokossauce und schwarzem Reis. Lassen Sie unbedingt ein wenig Platz für das hervorragende Dessert des Hauses: getränkter Mandelbiskuit mit Thymianeis (zu Beginn bestellen wegen der Vorbereitungszeit). Machen Sie sich schick!

162 A1 928 513 181, www.restauranteamura.com
Di–Sa 12–24 Uhr

McSorley's Bar €

Diese hübsche Fischerbar ist zweifellos das belebteste Lokal der Promenade; hierher kommen sie alle, ob Tagesausflügler vom Catlanza-Katamaran oder Weltumsegler. Jede Woche am frühen Freitagabend findet hier eine Regatta statt (➤ 96), dann platzt die Bar aus allen Nähten. Das Essen hat gutes Kneipenniveau.

162 A1 ☎ 680 424 665
tägl. ab 21 Uhr

ARRECIFE

Castillo de San José €€–€€€

Die Galerie für moderne Kunst im 1. Stock (➤ 85) ergänzt wunderbar das Restaurant im César-Manrique-Stil; zu dem ausdrucksvollen Interieur gehören gebeizter Holzboden, schwarze 1960er-Jahre-Stühle (mit bequemen Kissen) und deckenhohe Fenster samt herrlichem Meerpanorama. Starten Sie mit Datteln und Speck oder Carpaccio von Seeteufel und Lachs, kosten Sie dann *cherne* (Barsch) mit Riesengarnelen oder Thymian oder ein flambiertes Steak, und schließen Sie mit *Gofio*-Eis. Cooljazz passt perfekt zur ruhigen, eleganten Atmosphäre.

163 D2 ✉ Carretera de Puerto Naos ☎ 928 812 321 tägl. 13 bis 15.45, 19.30–23 Uhr (Bar 11–24 Uhr)

Emmax €€

Dieses 2007 eröffnete Café-Restaurant liegt in einem der typischen einstöckigen Häuser der Kanaren und ist schon jetzt einer der Favoriten in der Gegend. Das Interieur ist stilvoll und modern. Gedruckte Speisekarten gibt es hier nicht, die Auswahl wechselt täglich und die Mitarbeiter bringen frisch beschriebene Tafeln zum Tisch. Die Küche ist kanarisch-modern mit italienischem Einfluss. Probieren Sie die schwarze Pasta mit Garnelen in Orangensoße, wenn sie angeboten wird. Auch Seebarsch ist eine gute Wahl (es ist immer frischer Fisch im Angebot) und der Salat nach Art des Hauses ist hervorragend.

163 D2 ✉ Avenida Playa Honda 21
☎ 928 820 917 Mi–Mo 12–24 Uhr

Restaurante (Panorámico) Altamar, Gran Hotel €€€

Im 17. Stock des 5-Sterne-Hotels gibt es nicht nur die Aussicht zu genießen. Die Panoramafenster und der helle Dielenboden vermitteln ein Gefühl von lichtem Raum, und die Speisekarte gehört zu den innovativsten der Insel: Carpaccio von Gambas mit Krabbenbutter und Calamarinudeln; *dorado* à la Bilbao; Ochsenschwanz in Wein mit frittierten Bohnen. Die Preise sind stolz, aber man bekommt auch Außergewöhnliches geboten.

163 D2 ✉ Arrecife Gran Hotel, Parque Islas Canarias ☎ 928 800 000
tägl. 13–15, 20–23.30 Uhr

MOZAGA

Casa Museo del Campesino Restaurante €€–€€€

Unter dem imposanten weißen Monument, das den Mittelpunkt der Insel markiert (➤ 86), liegt eine kleine rustikale Bodega, wo man hervorragende kanarische *picoteo* (Snacks) bekommt, etwa gebratene *morcilla dulce* (Blutwurst) mit *mojo verde*, Oktopus mit *mojo picón* und Ziegenkäse mit süßen Karrees aus *gofio* und Feigen. Ein größeres Restaurant im unteren Stock (kürzlich eröffnet) hat die ganze Palette kanarischer Spezialitäten auf der Karte.

162 C3 ✉ San Bartolomé
☎ 928 520 136 tägl. 13–16 Uhr

Caserío de Mozaga €€€

Für ein Essen in diesem modernen, weiß getünchten Restaurant im Landhausstil lohnt sich der Umweg. Es ist im ehemaligen Stall des alten Farmhauses untergebracht und die Küche ist eine hervorragende Kombination traditioneller kanarischer und spanischer Zutaten. Wählen Sie als Vorspeise den Hummer-Krabben-Salat in Papaya und Avocado gefolgt von Salzkabeljau in Pfeffer-Knoblauch-Soße oder einem auf Stein gebratenen Entrecote-Steak und einem Zimt-Mousse mit *Bienmesabe*-Soße zum Dessert.

162 C3 ✉ Mozaga ☎ 928 520 060, www.caseriodemozaga.com
Fr–So 13.30–15.30, 19.30–22.30, Mo–Do 19.30–22.30 Uhr

Wohin zum… Übernachten?

Preise
Für ein Doppelzimmer pro Nacht gelten folgende Preise:
€ unter 60 Euro **€€** 60–90 Euro **€€€** 90–120 Euro **€€€€** über 120 Euro

PUERTO DEL CARMEN

Hotel Los Fariones €€€

Das 4-Sterne-Hotel wurde als eines der Ersten im Ort in den 1970er-Jahren errichtet und nimmt an der Playa Grande einen Logenplatz ein. Foyer und Speisesaal im heimeligen Stil vergangener Tage bilden einen angenehmen Kontrast zu der modernen Leere anderer Ferienhotels. Das Fariones hat einen Privatstrand, der ideal für kleinere Kinder ist; der unverbaute Blick Richtung Süden ist fantastisch. Herrlich auch der alte Palmengarten mit Swimmingpool; und auch das Essen ist hervorragend. Die Zimmer sind schlicht und gemütlich, aber ohne Klimaanlage. Es gibt einen Tennisplatz, und Gäste dürfen die hoteleigene Sportanlage auf der anderen Straßenseite benutzen – mit Fitnessstudio, Sauna, Squashhallen, Aerobic, beheiztem Schwimmbecken, fünf Tennisplätzen und Minigolf. Golf im Preis inbegriffen.

162 B1 Roque del Este
928 510 175,
www.grupofariones.com

Los Jameos Playa €€€

Das imposante 4-Sterne-Haus an der Playa de los Pocillos erinnert mit seinen kolonialen Elementen und den Balkonen über dem großen Innenhof an ein hübsches kleines Kanarendorf. An den Hof schließt sich ein alter Park mit Palmen an, mit weiß getünchten Häusern, die sich um lagunenartige Swimmingpools gruppieren. Typisch eingerichtet sind auch die schönen Zimmer (mit Klimaanlage) und die wunderbaren Speisesäle. Ausgedehntes Sportangebot: vier Tennisplätze, Volleyball, Bogenschießen, Boulespiel, Fitnessstudio, Sauna und Beauty-Center, Minigolf sowie Tennis- und Tauchkurse. Auch für Kinder zu empfehlen.

162 B1
Playa de los Pocillos
928 511 717,
www.los-jameos-playa.de

Suite-Hotel Fariones €€€€

Neben dem Hotel Los Fariones liegt das unter gleichem Management geführte 4-Sterne-Apartmenthotel; besonders Familien genießen hier die Nähe zur Playa Grande (Zugang zum Hotelstrand gibt es leider nicht) und die Möglichkeit der Selbstversorgung. Obendrein ist es günstiger als das Hotel. Es gibt drei Pools (im Winter ist einer beheizt), darunter ein Kinderbecken. Gäste dürfen die ausgezeichnete Sportanlage gegenüber dem Hotel nutzen.

Die Apartamentos Fariones, ebenfalls unter gleicher Führung, liegen weiter oben am Strand, sind schlichter ausgestattet, aber dafür auch günstiger (€€€). Frühstück inklusive.

166 B1
Calle Acatife
928 513 400,
www.grupofariones.com

Apartamentos Fariones
Calle Timanfaya
928 510 010,
www.grupofariones.com

PUERTO CALERO

Costa Calero €€€

Wenn Sie die Lichter der Stadt nicht direkt vor dem Fenster haben möchten, aber dennoch gern alles zu Fuß erreichen wollen, einschließlich Cafés und Restaurants (die Promenade ist drei Minuten entfernt), dann ist dies die passende Unterkunft für Sie. Das 2004 eröffnete Costa Calero ist ein modern gestaltetes 4-Sterne-Hotel mit großem Atrium und nackten Betonpfeilern. Die Zimmer jedoch sind hübsch und gemütlich (mit Klimaanlage), das Essen genügt einem guten Standard, das Personal ist freundlich, und die Preise, besonders die Angebote, schlagen jede Konkurrenz auf der Insel. Kein Wunder also, dass das Haus sehr beliebt ist, insbesondere auch bei Einheimischen, die hier das Wochenende verbringen und die vier Swimmingpools und das Sport- und Freizeitangebot nutzen (Fitnesscenter, Volleyball, Aerobic, Tischtennis, Darts, Bogen- und Luftgewehrschießen) – und nicht zuletzt das hochmoderne Thalassotherapie- und Wellnesscenter.

162 A1 Puerto Calero
928 849 595, Fax 928 849 576,
www.iberostar.com

ARRECIFE

Gran Hotel €€€€

Das einzige Hochhaus der Insel, das 5-Sterne-Luxus-Hotel, hat eine turbulente Vergangenheit (➤ 85). Einst als Bausünde verschrieen, versinnbildlicht es heute die Bemühungen der Stadt, sich als Wirtschaft- und Tourismuszentrum zu etablieren. Zimmer und öffentliche Bereiche sind hochmodern eingerichtet; Hauptattraktion sind das Sprudelbad und der fantastische Blick aus dem 17. Stock, wo sich das Altamar-Restaurant befindet (➤ 90). Das Hotel wird bisher kaum von Touristen genutzt, trotz des neu gestalteten Strandes direkt davor.

169 A1
Parque Islas Canarias
928 800 000,
www.arrecifehoteles.com

La Quinta Boutique Hotel €€€€

Das 5-Sterne-Hotel liegt in einem der besten Vororte der Stadt, rund 1 km südlich vom Gran Hotel, nicht direkt am Meer, aber mit Blick auf den El-Cable-Strand. Die Ausstattung ist elegant, eine Mischung aus Klassik und Moderne, mit Antiquitäten auf den Zimmern und im öffentlichen Bereich. In Speisesaal und Bar kann man sich besonders wohlfühlen, zumal das Essen wirklich hervorragend ist. Der Service ist sehr persönlich; wenn gewünscht, werden sogar die Koffer aus- und eingepackt!

Es gibt außerdem einen großen Swimmingpool inmitten eines Parks aus schwarzer Lava sowie ein Kinderbecken. Dennoch ist dieses Hotel eher ein Ort, an dem man Kinder lieber sieht als hört.

163 D2
Calle Hermanos Diaz Rijo, Urbanización La Bufona
928 810 605

LA ASOMADA

Casa Gaida €€€€

Obwohl die Casa Gaida ein ganzes Stück im Landesinneren liegt, hat man von hier einen herrlichen Blick über die Südküste mit Arrecife, Puerto del Carmen und Puerto Calero. In der Ferne ist Fuerteventura zu erkennen. Das Haus liegt auf einem 14 Hektar großen Anwesen und ist etwa 200 Jahre alt. Das schöne Interieur ist traditionell mit Holz und Lavasteinen gestaltet und bietet eine voll ausgestattete Küche sowie ein luxuriöses Lounge- und Speisezimmer mit wunderbarer Aussicht. Der Swimmingpool ist solarbeheizt und nur für Sie allein.

162 A2
Camino La Caldereta 52
928 832 531, 696 982 882,
www.casagaida.com

Caserío de Mozaga €€€

Erbaut Ende des 18. Jhs., ist das kleine Hotel heute liebevoll restauriert und in einfachem Stil mit traditionellen Möbeln ausgestattet. Es gibt insgesamt acht Doppelzimmer, zwei davon mit Wohnzimmer, alle mit Bad, Internetzugang, Minibar, Satelliten-TV und Haartrockner.

Das Restaurant ist sehr schön und bietet spanische Küche höchster Güte. Das Frühstück genießt man hier inklusive.

162 C3
Mozaga 8
928 520 060

Finca de la Florida €

Die Mischung aus *casa rural* und kleinem Hotel hat nicht den Charme des traditionellen Landhauses, aber dafür viele andere Vorzüge und ist besonders für Familien geeignet, die nicht unbedingt den Strand vor der Tür haben müssen. Es gibt 15 Doppelzimmer (plus eine Suite) mit Minibar, Klimaanlage und Haartrockner. Zur Ausstattung der Anlage gehören Swimmingpool, Tennisplatz, Mountainbikes, Fitnessraum und Sauna, Minigolf, Tischtennis und Kinderspielplatz. Wöchentlich findet auch ein organisierter Ausflug statt (auf Nachfrage). Das (öffentliche) Restaurant ist bekannt für seine kanarische und internationale Küche und bietet einen Blick über die Weinberge. Nach dem Essen können Sie sich in das gemütliche Foyer mit Kamin zurückziehen und bei klassischer Musik einen Drink nehmen.

162 C3
El Islote, 90 San Bartolomé
928 521 124, 928 521 136,
www.hotelfincadelaflorida.com

Hesperia Lanzarote €€€€

Relativ neu (seit Mai 2003) und noch nicht hundertprozentig fertig, ist das 5-Sterne-Haus schon der Inbegriff von Luxus und dürfte bald eines der bestbesuchten Hotels der Insel sein. Am Meer unweit des Yachthafens gelegen, besticht es vor allem durch sein Spa- und Wellnesscenter und das Gourmetrestaurant *La Caleta* (neben drei weiteren Restaurants). Hier, abseits vom Trubel, können Sie sich in aller Ruhe verwöhnen lassen. Vier Pools, drei Bars, ein Fitnessraum, Tennisplätze, Squashhallen und ein Putting-Green sind vorhanden.
Die überwältigende Aussicht können Sie nicht nur vom Pool, sondern auch vom Balkon Ihres Zimmers aus genießen.

162 C3
Urbanización Cortijo Viejo
828 080 800,
www.hesperia-lanzarote.com

Zentrum für holistische Ferien Tomaren €–€€

Auf 11 ha Land verteilt stehen fünf Häuser; eines davon ein Schlafhaus für große Familien oder Gruppen und zwei Studios für zwei Personen. Alle Einrichtungen sind restauriert und in traditionell ländlichem Stil eingerichtet, mit Terracottaböden, alten Deckenbalken und Mauern aus Vulkanstein. Ein paar der Häuser haben Kochgelegenheit, doch die Inhaber bieten auch Biokost an, die im alten Bodega-Keller serviert wird.

Es gibt eine eindrucksvoll große Yogahalle, aber Sie werden feststellen, dass alle Räume unter dem Aspekt von Meditation und Entspannung gestaltet wurden. Zahlreiche einheimische und tropische Pflanzen wachsen hier, es gibt einen Biogarten, Obstbäume, einen Kräutergarten, große Parkanlagen mit Grasflächen und sogar zwei Buddhastatuen! Zwei natürliche Vulkansenken wurden in Swimmingpool und Whirlpool umgewandelt.

Inipi (indianische Schwitzhütte), Dampfbad sowie Massage- und Behandlungsräume stehen zur Verfügung, und die Inhaber bieten eine ganze Palette von Naturtherapien an. Mittwochs steht traditioneller indischer Tanz auf dem Programm; außerdem wird Trekking, Surfen und Reiten organisiert.

162 C3
Calle Tomaren 33
676 453 008, 928 520 818,
www.tomaren.com

Wohin zum... Einkaufen?

PUERTO DEL CARMEN

Die besten Einkaufsmöglichkeiten finden Sie im Biosfera Plaza, etwas oberhalb von Hafen und Hotel Los Fariones. Dieses attraktive moderne Einkaufszentrum birgt spanische und internationale Modeboutiquen wie Zara, Pull & Bear, Timberland und Footlocker.

Ein Artesanía-Canaria-Stand verkauft handgefertigte Waren aus Lanzarote, Arteberita führt ungewöhnliche, von der Insel inspirierte Kunstgegenstände, Natura Dinge aus aller Welt. Es gibt hier auch einen Supermarkt, falls Sie Selbstversorger sind, sowie ein paar schicke Restaurants und Cafés. Parken ist kostenlos. Im Olala neben der Plaza bekommen Sie Mitbringsel und Schmuck.

Auf dem Weg hinunter zum Strand und die Avenida de las Playas entlang finden Sie zahlreiche kleine Läden, die Kameras, Uhren und Elektronik aller Art anbieten. Auswahl und Konkurrenz sorgen dafür, dass die Preise ebenso niedrig sind wie überall auf der Insel.

Die Konkurrenz ist gnadenlos, deshalb sollten Sie Versprechungen der Verkäufer mit Vorsicht genießen.

Oben auf dem Hügel liegt La Tienda de las Cometas, wo Sie Drachen in allen Formen und Größen bekommen. Im Mystic unterhalb des Hotels La Perla gibt es Aloe-vera-Produkte, haitianische Kunst, elegante Seidenkleidung sowie Ethnoschmuck und -accessoires.

Am Ende der Playa Grande sollten Sie bei Sazón vorbeischauen, wo es bildhübschen Schmuck gibt, außerdem finden Sie hier eine Filiale von Olala und einen César-Manrique-Shop. Am Strand gibt es eine Tienda de Artesanía (ein staatlich geförderter Kunsthandwerksladen). Ein Stück weiter an der Playa Chica bieten Loco und La Fantasia Schmuck und Accessoires.

An der Straße von Puerto del Carmen nach Macher liegt Artisdecor, wo man schöne moderne und klassische spanische und kanarische Töpferwaren, Glas und Haushaltswaren bekommt.

In Puerto Calero gibt es auch ein paar Designerboutiquen.

ARRECIFE

Hier in der Hauptstadt haben Sie die größte Auswahl an Läden. In die Fußgängerzone zieht es Touristen und Einheimische gleichermaßen zum Einkaufen. Die Straße mit den meisten Geschäften ist die Calle León y Castillo (in der Calle Canalejas gibt es ein paar hübsche Modeboutiquen). Sie finden hier bekannte Markennamen wie Mango oder Planet, es lohnt sich aber auch, die Läden der örtlichen Designer zu besuchen, etwa Jack Jones, Vero Moda, Tomás Panasco und La Puerta. Einige der Häuser sind über 100 Jahre alt, was schon allein das Schaufensterbummeln zu einem Erlebnis macht. Am Ende der León y Castillo liegt das Atlántico-Einkaufszentrum mit Hiper-Dino-Supermarkt.

Am schönsten präsentiert sich die Stadt am Mittwoch, wenn auf der Promenade der Kunsthandwerksmarkt stattfindet.

An der Hauptstraße von Puerto del Carmen nach Arrecife liegt Deiland, das größte Einkaufszentrum der Insel mit rund 35 Läden, Cafés, Restaurants, einem Spielbereich für Kinder und einem Kino.

UM SAN BARTOLOMÉ

Weinliebhaber sollten den Laden der Bodegas El Grifo nicht verpassen (➤ 86), denn hier gibt es jede Menge Wein und die passende Ausstattung. Das Monumento al Campesino (➤ 86) beherbergt eine Reihe von Ateliers, wo Sie Korb- und Töpferwaren, Stickereiarbeiten und andere inseltypische Souvenirs bekommen.

Wohin zum... Ausgehen?

NACHTLEBEN

In Puerto del Carmen konzentriert sich alles auf die Promenade. Es geht hier nicht immer piekfein zu, aber es herrscht meist gute Laune; und man hat selten Probleme. Beliebtester Treff ist das Centro Comercial Atlántico. Hier verbergen sich die beiden ältesten und beliebtesten Nachtclubs der Insel, Waikiki Beach Club und Paradis. Das Charlie's ist bekannt für Livemusik; hier spielen jeden Abend zwei Bands, außerdem gibt es ein paar Schwulenbars. An der Promenade finden Sie César's und Big Apple. Tanzen können Sie die ganze Nacht, denn manche Clubs sind bis 6 Uhr früh geöffnet. An der Promenade liegt auch das recht unauffällige Casino von Lanzarote (Nr. 12), das die üblichen Wettspiele anbietet (Sie müssen über 18 sein und sich ausweisen können). Es ist jede Nacht bis 4 Uhr geöffnet (www.casinodelanzarote.com).

Wenn Sie auf alkoholselige mittelalterliche Gelage stehen, melden Sie sich im gar nicht so mittelalterlichen CC Costa Mar für eine »Knight to Remember« an: Tel. 928 510 769. Western- und Linedancefans kommen auf der Rancho Texas (➤ 38) bei der Country & Western Night auf ihre Kosten. Am Hafen brummen abends die Cafés, aber Clubs gibt es hier keine. Gute Livemusik hören Sie im Crowded House, in Scotch Corner und der Irish Craic 'n' Ceol Bar.

Arrecife hat ein paar gute Bars und Diskos – z. B. in der Calle José Antonio Ribera –, allerdings verkehren hier nur Einheimische. Das Cine Buñuel in der Calle José Betancourt zeigt anspruchsvolle Filmkunst; die angrenzende Bar Pablo Ruiz Picasso (mit gelegentlicher Livemusik) ist immer gut besucht.

DARSTELLENDE KÜNSTE

Das reizende kleine Teatro Municipal in San Bartolomé bietet Konzerte und Musicals wie *Jesus Christ Superstar* (auf Spanisch). In Arrecife finden hin und wieder Konzerte im stimmungsvollen Ambiente des Castillo de San José und der Iglesia de San Ginés statt (➤ 85).

Mehr über Kulturveranstaltungen erfahren unter wwww.cabildode lanzarote.com (auf spanisch). Oder schauen Sie in die *Agenda Cultura*, die Sie im Kulturamt neben dem Cine Buñuel oder in der Calle León y Castillo 6 erhalten. Dort können Sie auch Plätze reservieren.

SPORT

Wassersport

Dieser Küstenabschnitt ist mit einigen extrem guten Plätzen um Puerto del Carmen ein Paradies für Taucher. Namhafte Anbieter: Safari Diving, Tel. 928 511 992, www.safaridiving.com; Dive Your Way, Tel. 671 619 580, www.diveyourway.de; R. C. Diving Delfin Club, Tel. 928 514 290, www.rcdiving.com. Island Watersports in Puerto Calero, Tel. 928 511 880, www.divelanzarote.com.

Wenn Sie nicht gleich ganz abtauchen wollen, machen Sie einen PADI-Schnorchelkurs bei M. A. Scuba Diving (auch Tauchkurse), Tel. 928 516 915, www.madiving.com.

Paragliding und Schlauchbootfahrten werden an der Playa Chica, zwischen Hafen und Hotel Fariones, angeboten. Jetskier können am Hafen gemietet werden. Mehr dazu bei Paracraft, Tel. 619 068 680.

Hochseefischen und Segeln

Puerto Calero ist das Seglerzentrum der Insel. Die Yachten vieler Einheimischer liegen ganzjährig hier vor Anker, und Transatlantiksegler nutzen diesen Hafen auf Lanzarote gern als Zwischenstopp auf ihrem Weg von Europa in die Karibik. Hier kann man auch Segelboote chartern oder tageweise mieten (➤ 82).

Jeden Freitagnachmittag organisiert McSorley's Snug eine Spaßregatta, bei der Sie zuschauen und sogar teilnehmen dürfen. Meist sind sechs oder sieben (einheimische) Yachten mit bis zu sieben Crewmitgliedern dabei. Jede Yacht hat mindestens einen Platz (gratis) für begeisterte Hobbysegler. Wenn Sie dabei sein wollen, gehen Sie freitags gegen 15 Uhr zu *McSorley's Bar* und fragen Sie nach. Dem siegreichen Team winkt eine Flasche Champagner! Ernsthafter ist natürlich die César Manrique Sailing Trophy, um die alljährlich im Oktober gekämpft wird.

Außerdem ist Puerto Calero bekannt als Lanzarotes Zentrum für das Hochseeangeln; Profis und Urlauber suchen hier das Hemingway-Feeling. Tino García ist ein Fischer mit zwei Booten, *Mizu I* und *II*. 1997 wurde auf der *Mizu II* ein Makohai mit dem Rekordgewicht von 488 kg gefangen (Tel. 636 474 000).

Ein anderer guter Anbieter ist Tono (Tel. 619 229 513; ww.tonosportfishing.com), wo schon blaue Marline von mehr als 200 kg geangelt wurden. Ein Tag ist relativ günstig: mit Hin- und Rückfahrt, Essen und Getränken rund 70 Euro pro Angler, 35 Euro pro Passagier.

Größtes Ereignis ist alljährlich der Wettkampf um die Puerto Calero Deep Sea Fishing Trophy, an dem über 50 Schiffe teilnehmen.

Ausflüge aufs Wasser

Von Puerto del Carmen und Puerto Calero aus gibt es zahlreiche Möglichkeiten, aufs Meer zu fahren, sogar zwei richtige U-Boote.

Submarine Safaris heißt der führende Anbieter, der bis zu 50 m tief taucht.

Ein begleitender Taucher lockt mit Futter ganze Fischschwärme an, und auch Wracks sind zu sehen (Tel. 928 512 898, www.submarinesafaris.com). Von den meisten Orten auf der Insel gibt es einen Abhol-Service.

Zu den Glasbodenbooten gehören *Blue Delfin* (Tel. 928 512 323, www.bluedelfin.com) und das U-Boot-artige *Aquascope* (Tel. 928 514 481).

Fahrradverleih

Die Fahrradexperten der Insel sitzen bei Ciclomania in Arrecife (sie sponsern den Iron Man, verstehen also was vom Durchhalten).

Hier gibt es Räder für jedes Gelände; Calle Almirante Boado Endeiza 9 (gegenüber dem Gran Hotel), Tel. 928 817 535, www.ciclomania.es.

Reiten

Reitställe gibt es außerhalb von Puerto del Carmen: Lanzarote a Caballo an der LZ 2 nach Yaiza (Tel. 928 830 038). Hier kommen Anfänger und Fortgeschrittene sowie Kinder gleichermaßen auf ihre Kosten. Angeboten werden auch Strandausritte (nur für erfahrene Reiter).

Gokarts

Es gibt zwei Rundkurse: Gran Kartin Club in La Rinconada, der etwa 2 km vom Flughafen entfernt an der LZ 2 liegt (Tel. 619 759 946, www.grankarting.com) und Eurokart San Bartolomé (Tel. 928 520 022), dessen Rennstrecke im Schatten der Windkrafträder verläuft. Beide bieten einen Transportdienst von und zu den Ferienresorts an

Andere Sportarten

Das Centro Deportivo im Hotel Los Fariones steht auch Gästen anderer Hotels gegen eine geringe Gebühr zur Verfügung. Hier finden Sie Tennis-, Paddle-Tennis- und Squashplätze, aber auch ein Fitness- und Aerobic-Center, Minigolf, Tischtennis und ein schön gestalteter Swimmingpool gehören zum Angebot; Tel. 928 510 175, www.grupofariones.com.

Der Süden und Timanfaya

Erste Orientierung 98
In zwei Tagen 100
Nicht verpassen! 102
Nach Lust und Laune! 110
Wohin zum ... 112

Erste Orientierung

Ganz Lanzarote ist von kontrastreichen Landschaften und Widersprüchen geprägt, die jedoch nirgendwo so deutlich hervortreten wie im Süden der Insel: hier die öde Mondlandschaft des *malpaís* von Timanfaya, dort die schmucken Häuschen und Gärten von Yaiza; hier die goldenen Playas de Papagayo, dort die schwarzen Weinberge von La Geria; Playa Blanca mit den Luxushotels und die Naturphänomene El Golfo und Los Hervideros.

Hauptattraktion sind natürlich die Feuerberge des Timanfaya-Nationalparks. Wer sich je gefragt hat, wie es auf fremden Planeten aussieht oder wie die Erde am Beginn der Zeit war, findet hier eine Antwort. Das Einzige, was fehlt, sind Dinosaurier oder Außerirdische – und die gibt es zumindest in den Filmen, die hier gedreht wurden. Es mag Ihnen unpassend erscheinen, gleich im Anschluss die angrenzenden Weinberge von La Geria zu besuchen; gleichwohl sind sie gewiss eine der größten Überraschungen der Insel und ein einzigartiges Beispiel für Erfindungsreichtum im Angesicht größter Widrigkeiten. Auch die Salzpfannen von Janubio zeugen davon, wie die Insulaner den Elementen trotzten und dabei aus der Natur ein Kunstwerk schufen. Und schließlich besitzt der Süden auch noch die schönsten Strände der Insel. Nirgendwo sonst auf Lanzarote hat man am Wasser so sehr seine Ruhe wie in Papagayo, es sei denn, man setzt nach Fuerteventura über – was ebenfalls zu empfehlen ist.

Ort der Kontraste: Vulkanfelsen und goldene Strände

★ Nicht verpassen!

1. Parque Nacional de Timanfaya (Montañas del Fuego) ➤ 102
2. La Geria ➤ 107
3. Playas de Papagayo ➤ 109

Nach Lust und Laune!

4. El Golfo ➤ 110
5. Los Hervideros ➤ 110
6. Salinas de Janubio ➤ 110
7. Playa Blanca ➤ 111
8. Yaiza ➤ 111

Der Süden und Timanfaya in zwei Tagen

Erster Tag

Vormittags

Wählen Sie einen klaren Sonnentag, um zum 1 **Parque Nacional de Timanfaya** (➤ 102ff) zu fahren, damit Sie Beschaffenheit und Farben dieser erstaunlichen Landschaft voll genießen können. Wenn Sie sich vorbereiten wollen, sollten Sie das Centro de Visitantes e Interpretación de Mancha Blanca (➤ 105) besuchen, das nur fünf Autominuten vom Eingang entfernt liegt. Hier können Sie sich auch für eine geführte Tour anmelden. Alternativ lässt sich (nördlich von Yaiza) der Park auf dem Rücken eines Dromedars durchstreifen (rechts; ➤ 103). Im Eintritt inbegriffen ist eine Bustour. Verpassen Sie nicht die erstaunlichen Feuerexperimente; Wenn noch Zeit ist, dann unternehmen Sie die kurze Fahrt ins La Era in 8 **Yaiza** (oben rechts; ➤ 111).

Nachmittags

Fahren Sie östlich von Yaiza auf die LZ 30, die Sie ins Herz von 2 **La Geria** (unten; ➤ 107) bringt – bestimmt die ungewöhnlichste Weingegend der Welt. Halten Sie bei der Bodega La Geria (➤ 108), trinken Sie in der Bodega El Chupadero (➤ 108) kurz einen Kaffee, ehe Sie die Bodegas El Grifo besuchen (➤ 108). Wenn Sie wieder abfahren, werden Sie Experte für Lanzarotes Weine sein!

Zweiter Tag

Vormittags

Nehmen Sie Schwimmzeug mit. Wenn Sie La Geria noch nicht gesehen haben, fahren Sie von Yaiza aus südwestlich auf der LZ 30 und folgen der Route vom ersten Tag in umgekehrter Richtung. Von Yaiza aus geht es nach 4 **El Golfo** (➤ 110). Besuchen Sie die herrliche smaragdgrüne Lagune; wenn gerade Essenszeit ist, sind Sie hier genau richtig, denn Sie bekommen Fisch und Meeresfrüchte. Andernfalls warten Sie mit dem Essen noch eine Stunde bis 7 **Playa Blanca** (➤ 111). Fahren Sie über die Küstenstraße weiter, und halten Sie, um 5 **Los Hervideros** (➤ 110) und 6 **Salinas de Janubio** (➤ 110) zu besichtigen. Dann weiter Richtung Süden nach Playa Blanca zur Strandpromenade, wo Sie das Salzthema weiter verfolgen können, indem Sie im Almacén de la Sal (➤ 113) essen.

Nachmittags

Strandzeit! Das Ziel steht fest – die 3 **Playas de Papagayo** (➤ 109) –, Sie müssen nur entscheiden, wie Sie hingelangen: Eine Möglichkeit ist das Wassertaxi vom Hafen aus (➤ 109). Zuvor sollten Sie sich mit Proviant eindecken. Verbringen Sie dann den Rest des Nachmittags an einem der besten Strände der Insel. Am frühen Abend gehen Sie ins Zentrum von Playa Blanca, wo Sie wunderbar einkaufen und die zahlreichen Cafés testen können.

1 Parque Nacional de Timanfaya

Der Nationalpark Timanfaya – auch Montañas del Fuego (Feuerberge) genannt – ist eine der spektakulärsten Landschaften der Erde, auch wenn Sie sich beim Anblick des zerklüfteten, verbrannten Terrains sicherlich ganz weit weg versetzt fühlen – auf einen unwirtlichen fremden Planeten voller brodelnder Krater. Falls Sie sich nur einmal von Ihrem Strandtuch wegbewegen wollen, dann unbedingt hierher.

Lassen Sie sich von Kamelen durch den Park tragen und erfreuen Sie sich an den geothermischen Vorführungen

Schadensbegrenzung
Dass der Park nur mit Führer zu besichtigen ist, hat mehrere Gründe. Zweifellos würde die Landschaft von Timanfaya viel von ihrem außerirdischen Charme verlieren, wenn überall Schwärme von Touristen entlangstapften. Ausschlaggebend aber ist der Schutz der empfindlichen Natur. Fußspuren im vulkanischen Sandboden verschwinden oft erst nach Jahren. Und nicht zuletzt könnte es immer passieren, dass jemand durch die dünne Decke eines Lavatunnels tritt und sich damit selbst – und die Landschaft – in Gefahr bringt.

Die meisten Besucher nähern sich Timanfaya von Süden her. Das Vulkanfeld oder *malpaís* (schlechtes Land) beginnt nördlich von Yaiza. Vor dem Park begrüßt Sie augenzwinkernd ein Teufelchen von César Manrique. Es ist verboten, aus dem Auto zu steigen und im Malpaís herumzulaufen (nur mit einem ausgewiesenen Führer; ➤ unten und 9). Was sowieso unmöglich erscheint, ist trotzdem machbar: Es gibt Pfade, die für ungeübte Augen nicht erkennbar sind und von Einheimischen benutzt werden.

Die meisten Besucher betreten den Park von Süden her

Im Nationalpark gibt es nur zwei offizielle Haltepunkte. Der erste ist im Echadero de los Camellos (Kamelpark), wo oft großer Trubel herrscht, wenn Ausflugsbusse ihre Passagiere ausspucken, die dann in langen Reihen warten, um sich einmal kurz von einem Kamel eine Bergflanke hinauf- und wieder heruntertragen zu lassen. Das ist auf jeden Fall eine interessante Erfahrung, wenn Sie noch nie auf einem Kamel gesessen haben. Dies ist aber keineswegs der spektakulärste Bereich des Parks. Es gibt auch ein Informationszentrum und ein kleines Museum, wo Sie alles über den traditionellen Einsatz von Dromedaren auf der Insel erfahren.

Fahren Sie ein Stück weiter zum Eingang des inneren Parks, der linker Hand liegt. Hinter dem Kassenhäuschen parken Sie Ihren Wagen neben Besucherzentrum und Restaurant. Der von Manrique im Stil eines Belvedere entworfene Bau könnte auch der trutzige Horst eines James-Bond-Bösewichts sein; den besten Blick darauf haben Sie, wenn Sie die Bustour mitmachen (➤ 105).

Sie können um das Restaurant herumgehen, um den Ausblick zu genießen, aber

Astronauten und Höhlenfrauen
Timanfaya hat schon Mond und Urwelt »gedoubelt«. Den Astronauten der Apollo-Mission wurden Bilder der Gegend gezeigt, um sie auf die Mondlandung vorzubereiten; 1965 wurde hier der Hollywood-Streifen *Eine Million Jahre vor unserer Zeit* gedreht (➤ 32).

Es ist verboten, ohne Führer in das unwirtliche *malpaís* hinauszuwandern

Hornitos

Die eigenartige Vulkanformation ist auf Lanzarote recht häufig anzutreffen. Sie entsteht, wenn sich Lava durch eine Öffnung in der bereits abgekühlten Oberfläche schiebt, etwa auf Grund einer Gasexplosion, und sich um das Loch herum ansammelt. Hornitos haben meist steile Seitenwände und bilden auffällige Kuppeln, Türmchen oder Haufen. Sie werden von fließender Lava, nicht aus einer tief liegenden Magmakammer gespeist.

weiter dürfen Sie sich nicht entfernen. Das rund 50 km^2 umfassende Areal vor Ihnen entstand im Wesentlichen bei der ersten Welle von Eruptionen 1730/31, die insgesamt sechs Jahre andauerten und ein viermal so großes Gebiet verwüsteten (➤ 6ff).

Vor dem Restaurant demonstriert ein Parkranger, dass der Vulkan unter Ihren Füßen durchaus nicht schläft: In ein Loch in der Erde wird ein Eimer kaltes Wasser gegossen, das sogleich wie aus einem Geysir brodelnd hochschießt; ein trockener Zweig wird in eine Erdspalte gehalten und entzündet sich sofort. Vielleicht reicht Ihnen der Ranger auch mit Unschuldsmiene eine Hand voll Erde, die Sie jedoch sofort fallen lassen, um hektisch die Hand zu schütteln: Die Temperatur liegt bei 100–120 °C, in 13 m Tiefe sogar bei 610 °C, weil sich nur 4–5 km unter der Oberfläche eine Magmakammer befindet.

Beim Souvenirladen starten regelmäßig Busse zur Ruta de los Volcanes (Vulkan-Route), einer 35 Minuten dauernden unvergesslichen Tour mit allen Höhepunkten des inneren Parks: einem großen fotogenen *hornito* (➤ 104), Witwenhaube genannt; Blicken in riesige eingefallene Krater; einem Halt in einem großen Lavakanal, der fast wie ein Tunnel wirkt (➤ 60); dem herrlichen Valle de la Tranquillidad; Montaña del Cuervo, dem Epizentrum der Explosionen und meistfotografierten Vulkan der Insel.

Die Tour wird begleitet von kurzen Kommentaren in verschiedenen Sprachen sowie Musik und Soundeffekten. Am Ende ertönen das Titelthema zu *2001 – Odyssee im Weltraum* und meist begeisterter Applaus.

Gleichermaßen faszinierend: Panorama und Vorführungen der Geoaktivität

Centro de Visitantes e Interpretación de Mancha Blanca (Besucherzentrum)

Rund 3 km nördlich vom Eingang des Nationalparks liegt das Besucherzentrum, das über den Vulkanismus auf Lanzarote und andernorts informiert. Mit seinen zahlreichen Monitoren ist es sicher nicht schlecht, wenn auch nicht vergleichbar mit der Casa de los Volcanes in den Jameos del Agua (➤ 59ff).

KLEINE PAUSE

Das Restaurant bietet Rundumpanorama und gutes Essen, das für jedermann sichtbar auf einem großen Grill zubereitet

Im Restaurant El Diablo können Sie zuschauen, wie Ihr Essen über dem Vulkanfeuer zubereitet wird.

wird, der mit der Hitze des Vulkans betrieben wird. Aufgrund der vielen Touristengruppen ist es allerdings kein Hort der Ruhe (Tel. 928 840 056 für Reservierungen).

---

164 C4

Parque Nacional
928 840 057, www.centrosturisticos.com
tägl. 9–17.45 Uhr, letzte Bustour 17 Uhr. Restaurant 12–15.30, Café 9–16.45 Uhr
teuer (inkl. Bustour und Vorführungen), Kinder unter 12 Jahren frei

Museum/Informationszentrum Echadero de los Camellos
Mo–Fr 9–15 Uhr
frei; Kamelreiten mittel

Centro de Visitantes e Interpretación de Mancha Blanca
928 840 056 tägl. 9–17 Uhr mittel

PARQUE NACIONAL DE TIMANFAYA: INSIDER-INFO

Top-Tipps: Sichern Sie sich im Bus einen **Fensterplatz**. Wenn Sie keinen mehr bekommen, warten Sie lieber auf den nächsten Bus und stellen sich gleich vorne in die Reihe.

Außerdem: Eine **Wanderung** in den spektakulären inneren Bereich des Parks wird von Parkrangern geführt und startet (per Minibus) am Besucherzentrum von Mancha Blanca. Die Ruta de Tremesana bringt Sie in die gleiche Gegend wie der Tourbus. Sie müssen mindestens 16 Jahre alt sein und im Voraus buchen. Touren: Mo, Mi oder Fr; Tel. 928 840 839.

Ein **öffentlicher Fußweg**, die Rutal del Littoral, verläuft auf rund 4,5 km parallel zur Küste, nördlich von El Golfo bis zur Nordspitze der Parkgrenze. Sie müssen aber den gleichen Weg wieder zurück; für die 10 km sollten Sie fünf Stunden einkalkulieren. Unternehmen Sie diesen Ausflug ohne Begleitung oder buchen Sie bei Canary Trekking eine Tour, die von ehemaligen Parkrangern geführt wird; sie ist lang und ziemlich teuer, aber hervorragend. Tel. 609 537 684, www.canarytrekking.com.

2 La Geria

Die gleich neben dem Parque Nacional de Timanfaya gelegene Weingegend von La Geria entstand aus der Vulkankatastrophe, die die Insel in den Jahren 1730–36 heimsuchte. Als die ansässigen Bauern erkannten, dass der Wein hier besonders gut gedieh – der durchschnittliche Ertrag einer Rebe liegt bei 200 kg Trauben –, wandten sie sich dem Weinbau zu und schufen dabei eine einzigartige Kulturlandschaft (➤ 24ff und 150ff).

Die schwarzen Vulkanfelder im Tal von La Geria beginnen am Anfang der LZ 30 und säumen auf rund 10 km die Straße nach Masdache. Auf dem Weg liegen einige Bodegas (Winzer), die als Anreiz für den Kauf kostenlose Weinproben anbieten. Die besten finden Sie am Anfang und am Ende des Tals.

Bodegas El Grifo Weinmuseum (links) Der Wein gedeiht erstaunlich gut in der Lava (unten)

Die Kunst des Kelterns

Der fesselnde Anblick von Tausenden *zocos* (hufeisenförmigen Schutzmauern) mit grünen Tupfen auf staubig-schwarzem Hintergrund illustriert vielleicht am besten den kontrastreichen Charakter der Insel. In den 1960er-Jahren gab es im renommierten Museum of Modern Art in New York eine Ausstellung über die Gegend. Titel: *Ingenieurskunst ohne Ingenieure.*

Am südöstlichen Ende (Yaiza) liegt die Bodega La Geria (Tel. 928 173 178, www.lageria.com; unten). Der stimmungsvolle Ort entstand Ende des 19. Jhs. und ist die älteste Weinkellerei der Insel. Nur hier bekommt man eine Führung ohne Vorabbuchung (Di und Do Mittag, Eintritt mittel). Am nordwestlichen Ende, immer noch auf der Hauptstraße (LZ 30) bei Masdache, kommen Sie zu den Bodegas El Grifo (➤ unten) samt dem sehenswerten Weinmuseum.

Die Spanier haben den Wein nach Lanzarote gebracht, doch die typische Traube der Insel, Malvasia, die 75% der Weinproduktion ausmacht, kam im 18. Jh. aus Kreta. Die einzigartige Kombination aus Boden und Klima bringt seither einen Wein hervor, der viele Liebhaber gefunden hat. Lanzarotes florierender Weinbau bringt jährlich rund 2 Mio. Liter Wein auf den Markt, die den Archipel allerdings selten verlassen, außer im Gepäck von Touristen.

KLEINE PAUSE

Verpassen Sie nicht die Bodega El Chupadero, die anders als die oben genannten Bodegas nicht selbst Wein herstellt, sondern nur die Weine der Gegend vermarktet und vertreibt. Außerdem ist ein hervorragendes kleines Restaurant dabei (➤ 112) – eine echte Entdeckung, nur ein paar Meter von der Hauptstraße entfernt.

---

162 A2

LA GERIA: INSIDER-INFO

Top-Tipps: Weine von der Insel kaufen Sie am besten im Weinladen beim Monumento al Campesino (➤ 86). Hier bekommen Sie von allen größeren Winzern etwas, und der Inhaber kennt sich richtig gut aus.

Der *Malvasia seco* schmeckt oft recht herb, testen Sie lieber den semi-seco (halbtrocken).

Muss nicht sein! Bodega A Suarez, wenn gerade eine Busgruppe zu Gast ist.

Außerdem: Besorgen Sie sich bei der Touristeninformation die Broschüre *Ruta del Vino de Lanzarote* (nur auf Spanisch) mit den Adressen weiterer Bodegas.

Wenn Sie in La Geria übernachten wollen, können Sie das in der Bodega El Chupadero tun (➤ 114).

- **Im Weinmuseum Bodegas El Grifo** können Sie alte Pressen, Fassherstellung und antike Weinbauartefakte bewundern. Tägl. 10.30–18 Uhr, Tel. 928 524 951, www.elgrifo.com.

3 Playas de Papagayo

An der Südspitze der Insel liegen die Playas de Papagayo, die schönsten Strände Lanzarotes, und mehrere kleine Buchten mit hellgoldenem Sand.

Mit dem Auto brauchen Sie rund eine Viertelstunde zum Strand, allerdings ist die Fahrt auf den schlechten Straßen ziemlich holprig. Am besten ignorieren Sie alle Hinweisschilder nördlich von Playa Blanca und fahren stattdessen über die Küstenstraße mitten durch den Ort. Die Straße mündet in einen Feldweg, dem Sie landeinwärts folgen, um dann rechts auf die Straße Richtung Reserva Natural de los Ajaches einzubiegen, wo die Strände liegen. Hier steht ein Kassenhäuschen.

Nach der Kasse kommt nach etwa 1,3 km ein Hinweis auf Playa Mujeres (und Playa del Pozo). Playa Mujeres ist der erste Strand (2 km hinter dem Kassenhäuschen) und meist der vollste. Playa del Pozo und Playa Pagagayo, die schönsten Strände, folgen nach weiteren 3,5 km. Dahinter, jenseits des Vorgebirges, schließen sich Caleta del Congrio (mit Campingplatz) und Puerto Muelas an, die weniger attraktiv, aber in ihrer Abgeschiedenheit gerade bei Nudisten beliebt sind.

Ein malerischer Strand der Playas de Papagayo

KLEINE PAUSE

Es gibt hier drei Cafés, alle auf den Klippen an der Playa de Papagayo. Zwei davon sind sehr einfach. Das ***Oasis de Papagayo*** mit seinen Strohschirmen ist sehr schön, aber teuer.

---

164 C1

Eintritt zur Reserva Natural de los Ajaches preiswert

PLAYAS DE PAPAGAYO: INSIDER-INFO

Top-Tipps: Um holprige Feldwege und den Eintritt zu umgehen, können Sie entweder vom Hafen aus ein »Taxiboot« nehmen oder am Hotel Papagayo Arena parken und in fünf Minuten zu Fuß zur Playa Mujeres gehen. Bei Ebbe kommt man sogar trockenen Fußes bis zur Playa de Papagayo.

Nach Lust und Laune!

Yaiza ist eines der schönsten Dörfer Lanzarotes

4 El Golfo

Unweit des kleinen weißen Fischerdorfes El Golfo liegen eine der erstaunlichsten geologischen Stätten der Insel und die spektakulärsten Strände.

Von Süden her gibt es zwei Wege: Einmal ist Charco Los Clicos ausgeschildert; so kommen Sie an einem eindrucksvoll erodierten Kliff vorbei zu einem schwarzen Lavastrand und einem imposanten Felsen. Am Ende des Strandes erhebt sich ein Vulkan, der, halb weggebrochen, ein Amphitheater in Orange- und Rottönen bildet. Am schönsten aber ist die Lagune, deren Wasser durch Algen smaragdgrün schimmert. Den besten Blick auf die Lagune haben Sie von oben, wenn Sie den Fußweg vom Dorf aus nehmen (den »El-Golfo«-Schildern folgen).

164 B3

5 Los Hervideros

Der Namen bedeutet »heiße Quellen«. Das Wasser hier war zwar seit den Eruptionen von 1730–36 nicht mehr heiß, doch die schäumenden Wellen des Atlantiks wirken vor allem bei starkem Wind fast wie kochendes Wasser. In die 15 m hohe Steilwand sind Pfade und Aussichtspunkte gemeißelt, sodass man das Tosen der Wellen aus nächster Nähe miterleben kann. Nass werden Sie vielleicht, aber sonst kann nichts passieren. Hier bietet sich eines der beliebtesten Fotomotive der Insel: pechschwarze Lava vor dem leuchtenden Orangerot der Montaña Bermeja (roter Berg).

164 B3

Abseits der Touristenwege

Wenn Sie schwarze Strände lieben, besuchen Sie die Playa Quemada (auf der LZ 2 in westlicher Richtung 3 km hinter der Abfahrt Puerto Calero abbiegen).

6 Salinas de Janubio

Salzpfannen, in denen durch Verdunstung Meersalz gewonnen wird, waren früher überall auf der Insel anzutreffen. Heute gibt es nur noch diese eine, die größte auf dem ganzen Archipel. In den besten Zeiten arbeiteten hier 200 Mann, heute sind es nur noch 30. Die alten Windmühlen pumpten einst das Wasser in die Pfannen, bevor sie von Elektropumpen abgelöst wurden.

Vom Restaurant oder vom Aussichtspunkt aus können Sie diesen Blick in die Vergangenheit am besten genießen; am schönsten präsentiert er sich in der Dämmerung.

164 B3

7 Playa Blanca

Das kleine Fischerdorf, das im Kern seinen ursprünglichen Charakter bis heute bewahren konnte, entwickelte sich in den letzten zehn Jahren zu einem der drei größten Urlaubsorte der Insel.

Im Hafen liegen die größten Fähren nach Fuerteventura (► 40) und die Überreste der Fischereiflotte des Ortes. Von hier aus führt eine schöne Promenade westwärts an Cafés, Restaurants und am Strand entlang bis zum goldenen Halbrund der Playa Dorada, über die sich das massige Hotel Princess Yaiza und das *Centro comercial* erheben.

In der nächsten Bucht liegt die Marina Rubicón als Antwort des Südens auf Puerto Calero. Ein Neuankömmling in der Marina ist Sammer Fine Arts (mit Galerien in London, Marbella und Madrid). In der Galerie La Ermita, die im Stil einer kleinen Inselkirche gestaltet ist, finden regelmäßig Ausstellungen statt. Dahinter, nahe dem auffälligen Hotel Gran Meliá Volcán (► 115), liegt das Castillo de las Coloradas, ein trutziger Wachturm aus den 1740er-Jahren.

Jenseits davon entstanden weitere große Luxushotels und *urbanizaciónes* in unmittelbarer Nähe zu den geschützten Papagayo-Stränden (► 109).

164 B1

Playa Blanca ist in den letzten zehn Jahren rasant gewachsen

8 Yaiza

Gegründet von reichen Händlern im 19. Jh., gilt Yaiza mit seinen leuchtend weißen Häusern und den gepflegten Gärten heute als das schönste Dorf der Insel. Im Zentrum liegt die charmante kleine Kirche Nuestra Señora de los Remedios aus dem 18. Jh. Die Galerie Yaiza stellt Bilder, Töpferwaren und Skulpturen aus, die fast immer käuflich zu erwerben sind.

In einem Atemzug mit dem Ort wird immer das ausgezeichnete Restaurante *La Era* (► 112) genannt, eines der am schönsten restaurierten Gebäude des 18. Jhs. im ganzen Archipel.

164 C3

Für Kinder

- Die herrlichen Papagayo-Strände (► 109)
- Die Ecken und Winkel von Los Hervideros – aber lassen Sie die Kleinen nicht aus den Augen! (► 110)
- Reiten bei Lanzarote a Caballo (► 116)
- Kamelreiten in Timanfaya (► 102ff)

Aktuelle Informationen über die Marina Rubicón finden Sie unter www.marinarubicon.com.

Wohin zum...
Essen und Trinken?

Preise
Die Preise gelten pro Person für ein Drei-Gänge-Menü ohne Getränke und Service:
€ unter 15 Euro **€€** 15–25 Euro **€€€** 25–30 Euro **€€€€** über 30 Euro

LA GERIA

Bodega El Chupadero €€
Dieser Geheimtipp im Herzen des Weinbaugebiets liegt noch nicht einmal wirklich abseits, wird Ihnen aber dennoch wie eine wahre Entdeckung vorkommen. Dem Namen zum Trotz werden hier keine Weine produziert, sondern die Erzeugnisse der Gegend vermarktet. Die gemütliche, weiß getünchte kleine Tapasbar ist mit moderner Kunst und leuchtenden Kissen ausgestattet, das Personal ist freundlich und das Essen hervorragend. Kosten Sie geräucherten Tunfisch, Suppe von frischen Tomaten, kanarische Linsensuppe, Crêpes mit Kaktusmarmelade oder die köstliche Apfeltarte. Freitags legt ein DJ auf, oder es gibt Livemusik.

165 D3 La Geria 928 173 115, www.el-chupadero.com Di–So ab 11 Uhr

YAIZA

Casona de Yaiza €€€
Das gemütliche rustikale Restaurant in dem kürzlich eröffneten Boutiquehotel (➤ 114) bekommt sehr gute Kritiken. Es befindet sich im alten *lagar* (wo früher die Weinkelter stand), dessen weiß getünchte Wände mit schwarzem Lavastein gesprenkelt sind. Die wechselnde Speisekarte bietet mediterrane und kanarische Küche und immer eine gute Auswahl an Tapas. Spezialitäten: *arroz negro* (schwarzer Reis), Hummerreis und *fideuada* (Nudelpaella mit Meeresfrüchten).

164 C3 Calle El Rincón 11 928 836 262, www.casonadeyaiza.com Mi–Mo 13–23 Uhr

La Era €€€–€€€€
Das berühmteste Restaurant der Insel, vielfach preisgekrönt, ist ein ehemaliges Bauernhaus, das im 17. Jh. gebaut, Ende der 1960er-Jahre von César Manrique herrlich restauriert und 1970 als La Era eröffnet wurde. Einen idyllischen Hof mit Blumen säumen mehrere gemütlich-rustikale Speisezimmer. Leider ist es nicht mehr so preiswert wie früher (auch wenn das Preis-Leistungs-Verhältnis stimmt), dennoch müssen Sie einfach hierher kommen, wenn Sie hervorragende kanarische Küche oder Spezialitäten vom spanischen Festland in stimmiger Atmosphäre genießen wollen. Unbedingt vorher reservieren.

164 C3 Calle El Barranco 928 830 016, www.la-era.com Di–So 13–23 Uhr

EL GOLFO

Costa Azul €€
Im Costa Azul sitzen Sie in der ersten Reihe – direkt im Angesicht der Wellen und in der salzigen Seeluft. Das Essen, natürlich Fisch und Meeresfrüchte, ist gut, aber es gibt keine Speisekarte; man weiß also nie genau, wie hoch die Rechnung wird. Der Kellner nennt drei, vier Gerichte, aus denen Sie wählen. Einheimische und Zugereiste kommen gern hierher, und man wird nicht übers Ohr gehauen. Wenn Ihnen das Verfahren nicht behagt, versuchen Sie eines der Restaurants hinter dem Costa Azul, wo das Essen ebenso gut ist, wenn auch nicht die Kulisse.

164 B3 Playa del Golfo 928 173 199 Do–Di 11–22 Uhr

PLAYA BLANCA/MARINA RUBICÓN

El Almacén de la Sal €€€–€€€€

Das mit Gusseisen, hellem Holz und Lavastein restaurierte jahrhundertealte Salzdepot ist eines der ungewöhnlichsten Restaurants des Inselsüdens. Zu bewundern gibt es außerdem ein Mezzaningeschoss und ein Bootsgerippe. Die Küche ist von baskischen, galizischen und kanarischen Traditionen geprägt. Mittags kann man auch auf der Terrasse neben dem Strand essen. Abends meist Liveklaviermusik.

164 B1 Avenida Marítima 20
928 517 885, www.almacendelasal.com
Mi–Mo 11–23 Uhr

L'Artista €–€€

An der Promenade, aber etwas zurückversetzt, liegt dieses heitere Restaurant in einem charmanten alten Fischerhaus mit türkisfarbener Fassade und farbenfrohem Inneren. Serviert wird italienische Trattoriaküche, hausgemachte Pizza und Pasta. Spezialitäten: *carpaccio*, *saltimbocca*, *cartoccio* (Fisch in Papier gebacken) und *mare e monti* (Steak und Meeresfrüchte). Reservieren Sie an lauen Sommerabenden einen Tisch auf dem Balkon.

164 B7 Calle La Tegala 18
928 517 578, www.pizzerialartista.com
Mo–Sa 12.30–23.30 Uhr

Brisa Marina €€–€€€

Das traditionell grün-weiß gestaltete Gebäude im maritimen Stil beherbergt eines der besten Restaurants der Promenade. Die herrliche Terrasse ist besonders schön, wenn sie abends beleuchtet wird. Die Karte enthält Pasta, Fleisch und Fisch vom Grill, für jeden Geschmack etwas. Spezialitäten: Paella, Fisch in Salz und Fischsuppe (die 24 Stunden vorher bestellt werden muss).

164 B1 Avenida Marítima
928 517 206 tägl. 10–21 Uhr

Café del Mar €

Die Filiale des legendären *Café del Mar* auf Ibiza, das Musikkennern durch seine chill-out Musik bekannt ist, wartet mit einer überraschenden Ausstattung auf. Nicht kühles Design, sondern Retrolook wie in einem 1970er-Jahre-Eiscafé, mit rosa und hellblauen Schnörkeln, erwartet Sie hier. Wenn Sie sich daran gewöhnt haben, entspannen Sie sich auf einer der weichen weißen Liegen und lauschen Sie der Musik. Serviert werden Frühstück, Snacks und Getränke.

164 B1
Marina Rubicón, Playa del Golfo,
928 349 429,
www.cafedelmarmusic.com
tägl. 10–14 Uhr

Casa Pedro €€

Segler bevorzugen wohl eher die Terrasse, denn im Innern dieses schönen Restaurants dreht sich alles um Schiffswracks. Kosten Sie Scampi in Schaumwein oder Spargel mit Roquefort, dann Barsch in Dillsauce oder Seezungenfrikassee. Für Fischverächter gibt es auch Wachteln, Schweinelendchen und doppeltes Entrecote in Kräutersauce. Zum Abschluss Crêpe Suzette oder flambierte Banane.

164 B1 Avenida Playa Blanca 17
928 517 965 Fr–Mi 12–24 Uhr

Casa Roja €€€–€€€€

Das solide rot gestrichene alte Haus mit Blick aufs Meer wurde innen schön mit Stein und Holz restauriert. In der »restaurante-pub-snack-cocktail bar« darf man sich auf Getränke beschränken, auch wenn das Essen hier eigentlich die größte Rolle spielt. Zwei schöne Terrassen.

164 B1 Marina Rubicón
928 515 866
Mo–Sa 12–23, So 12–16 Uhr

La Giralda €€–€€€

Dieses kleine, elegante und im Haziendastil erbaute Restaurant serviert wunderschön angerichtete andalusische und spanische Küche im modernen Stil. Spezialitäten sind der iberische Schinken, Reisgerichte und Fisch.

164 B1 Marina Rubicón
928 519 190,
www.restauranteslagiralda.com/lanza

Wohin zum... Übernachten?

Preise
Für ein Doppelzimmer pro Nacht gelten folgende Preise:
€ unter 60 Euro **€€** 60–90 Euro **€€€** 90–120 Euro **€€€€** über 120 Euro

LA GERIA

Apartments Bodega El Chupadero €€

»Lage, Lage, Lage« heißen hier die drei wichtigsten Faktoren, dazu natürlich das schönste Weinlokal der Insel (➤ 112). An der LZ 30 im Herzen des Weinlandes (➤ 107f) liegt die ehemalige Kellerei, die teilweise zu Feriendomizilen umgebaut wurde (eins für zwei Personen, eins für vier bis fünf). Wände und Decken sind weiß, die Möbel eine Mischung aus Tradition und Moderne. Beide haben Küche, Wohn- und Esszimmer. Die Aussicht über La Geria ist phantastisch, und sobald abends das Lokal schließt, herrscht paradiesische Stille.

165 D3
La Geria
928 173 115, www.el-chupadero.com

YAIZA

Casona de Yaiza €€€–€€€€

Das Boutiquestil-Hotel nennt sich selbst »eines der schönsten und perfektesten Inneneinrichtungsprojekte« Lanzarotes. Das Haus am Ortsrand stammt aus dem frühen 19. Jh. und bietet weite Blicke bis Timanfaya, verfügt über acht Zimmer und Suiten, die alle individuell im Stil der italienischen Renaissance gestaltet sind, mit wallenden Baldachinen über den Betten und Fresken an der Decke. Manche sind relativ schlicht, andere sehr überladen. Die Bäder sind allesamt phantastisch, sehr geräumig, viele mit frei stehender Wanne und/oder großer Duschkabine, dazu kommen Fliesendekor und andere gestalterische Details.

Das Restaurant ist exzellent (➤ 112); die wunderschön restaurierte aljibe (Zisterne) unten beherbergt eine Kunstgalerie. Draußen können Sie auf der Sonnenterrasse und im Pool oder Whirlpool relaxen. Frühstück inklusive.

164 C3
Calle El Rincón
928 836 262, www.casonadeyaiza.com

Finca de las Salinas €€€€

Diese eindrucksvolle lachsfarbene Villa aus dem 18. Jh. ist eines der angesehensten Landhotels der Insel. Ehemals Besitztum eines Salzhändlers, wurde sie von einem der führenden Architekten der Insel in einem ländlich-modernen Stilmix restauriert. Die farbig gewischten Wände, hier und da mit Grundfarben abgesetzt, sind mit einer Mischung aus moderner Kunst und rustikalen Objekten dekoriert. Das Interieur ist kühl und ruhig, und durch eine Öffnung im Dach wachsen Palmen.

Die 15 Zimmer haben alle Klimaanlage. Besuchen Sie das interessant gestaltete Weinlokal und das kanarische Restaurant, und trainieren Sie anschließend auf dem Tennisplatz, im Swimmingpool (im Winter beheizt) oder Fitnessraum. Zur Verfügung stehen außerdem Whirlpool, Sauna, Tischtennis und Poolbillard. Vom Garten aus hat man einen herrlichen Blick auf den Nationalpark Timanfaya.

164 C3
Calle La Cuesta 17
928 830 325, www.fincasalinas.com

UGA

Casa El Morro €€€–€€€€

Errichtet im 18. Jh., ist die Casa El Morro ein typisches Beispiel für die wunderschöne ländliche Baukunst in diesem wohlhabenden Teil der Insel.

Bei der Restaurierung 1997 wurden fünf Ferienunterkünfte eingerichtet, die durch einen gemeinsamen Patio verbunden sind. Ein Swimmingpool liegt idyllisch zwischen Grün und luxuriösen Terrassen, die wunderbare Blicke über Uga und südwärts auf Femés und Timanfaya bieten.

Das größte und schönste Häuschen ist die zweistöckige Casa Raquel, die bis zu fünf Personen aufnimmt und über eine eigene Terrasse mit Pergola und einen kanarischen Balkon verfügt. Die anderen Häuser bieten Platz für drei bis vier Personen. Alle Häuser haben Wohnzimmer, Küche und Esszimmer, Satelliten-TV, Kaffeemaschine, Toaster und Wasserkocher. Das Dekor mit warmem Teakholz ist rustikal, gemütlich und stimmig.

165 D3 Calle El Morro ☎ 928 830 392, 699 417 871, www.casaelmorro.com

Finca de Uga €–€€

Dieses charmante Landhaus liegt am Rande des Nationalparks Timanfaya. Es wurde zu Beginn des 20. Jahrhunderts erbaut und die Zimmer sind im traditionell minimalistischen Stil gestaltet. Außerdem werden ein „Designer“garten aus schwarzer Lava und magische Sonnenuntergänge über den Feuerbergen geboten. Jede der drei separaten Unterkünfte hat eine eigene Küche und ein eigenes Bad.

165 D3 Calle La Agachadilla 5 ☎ 928 836 249, www.fincauga.com

PLAYA BLANCA

Casa del Embajador €€€–€€€€

Das kleine historische Familienhotel mit Eingang direkt an der Promenade bestand ursprünglich aus fünf Häuschen des frühen 19. Jhs., die ein Diplomat kaufte und zu einem Gebäude umbauen ließ.

Die heutigen Inhaber haben das Anwesen mit geschickter Hand im traditionellen Stil der Insel restauriert und ausgestaltet. Der Eingangsbereich ist sehr heimelig, und besonders schön ist es im Patio, wo das Frühstück serviert wird, und auf der Terrasse, wo man bis Fuerteventura und Isla de los Lobos sehen kann.

Es gibt zwölf große Doppelzimmer und eine gehobene Suite, alle mit Meerblick, Bad, Satelliten-TV und Minibar. Auf dem Gelände gibt es zwei Tennisplätze. Frühstück inklusive.

164 B1 Calle La Tegaia 30 ☎ 928 519 191, www.hotelcasadelembajador.com

Gran Meliá Volcán Lanzarote €€€€

Was da hinter der Marina Rubicón liegt, sieht zunächst aus wie ein idyllisches weißes Dörfchen samt Kirche und Vulkan. Bei näherem Hinsehen entpuppt sich das Ganze als 5-Sterne-Luxushotel, vielleicht das eindrucksvollste der Insel.

Die »Kirche« ist der Eingang, der »Vulkan« birgt die Lounge, und die kanarischen Häuschen enthalten die 255 Zimmer des Hotels. Möbel und Ausstattung sind sehr geschmackvoll. Alle Zimmer bieten Blick aufs Meer oder den Swimmingpool und verfügen über einen geräumigen Wohnbereich. Es gibt vier Pools sowie ein Sprudelbad. Das Hotel legt viel Wert auf seine Gastronomie: Von fünf Restaurants kredenzt eines sogar japanische Küche. Frühstück inklusive.

164 B1 Urbanización Castillo Águila ☎ aus Deutschland 0180 212 1723, www.solmelia.com

Timanfaya Palace €€€–€€€€

Östlich des Ortes, an der Küste unweit der Playa Flamingo, liegt dieses 4-Sterne-Hotel mit 300 Zimmern, gestaltet in maurischem Stil mit schönem Gelände und luftigem Interieur.

Es gibt drei Swimmingpools, einen FKK-Bereich, einen außen liegenden Whirlpool, Sauna und Sporthalle. Sportangebot: Tennisplatz, Minigolf, Bogenschießen, Schießen und Tischtennis. Frühstück inklusive.

164 B1
Urbanización Montaña Roja
☎ 928 517 676, www.h10.es

Wohin zum... Ausgehen/ Einkaufen?

EINKAUFEN

Haupteinkaufsmeile von Playa Blanca ist die Calle Limones. Damenkleidung finden Sie bei Punta Limones, Haus Nr. 67. Bei Kunal's bekommen Sie Schmuck, handgefertigte Não-Porzellanfiguren, Mode und Designeruhren.

Chinijos in der Calle La Tegala führt Kinderkleidung. Einen Besuch lohnen Tienda César Manrique und Mystic mit Filialen auf der Promenade und der Marina Rubicón.

Lebensmittel bekommen Sie im Laden des La-Era-Restaurants (➤ 112) und im Ahumandería de Uga an der LZ 2, wo auch die Hotels der Insel ihren Räucherlachs beziehen (Montag- und Samstagnachmittag geschlossen).

Die Marina Rubicón bietet rund 15 Outlets und Designershops. Erweitern Sie im Café del Mar (➤ 113) Ihre CD-Sammlung um Chill-out-Scheiben.

NACHTLEBEN

Playa Blanca ist ein Familienort und das Nachtleben folglich eher zurückhaltend. Am meisten los ist im CC Punta Limones: Roof Tops ist die beliebteste Diskobar des Ortes. Jeden Abend Livemusik gibt es in der Irish Anvil Bar im CC Punta Limones, im King's Head direkt am Wasser im Ortszentrum und in Mollie's Irish Pub im CC Papagayo. Wer es kultivierter mag, geht auf die Marina Rubicón ins Café del Mar (➤ 113).

SPORT

Wassersport

Es gibt mehrere Tauchanbieter: **Dive College Lanzarote** (Tel. 606 853 109, www.scubalanzarote.co.uk), das **Diving Center Las Toninas** im Hotel Playa Flamingo (Tel. 928 517 300, www.divingtonina.com) und das **Marina Rubicón Diving Center** (Tel. 928 349 346, www.rubicondiving. com). Außerdem bietet die Marina einen Subcat, ein Hybrid-Tauchboot in Katamaranbauweise, das bis zu 25 m tief tauchen kann (Tel. 928 510 065; www.lanzarote.com/subcat). und **Rubisail**, eine Schule für Dingisegeln und Windsurfen. Hier können auch Kajaks gemietet werden (Tel. 928 519 012).

Angelausflüge werden im Hafen in Playa Blanca angeboten.

In Playa Dorada kann man mit Bananenbooten fahren und wer es gemächlicher mag, kann ein Tretboot leihen.

Reiten

Lanzarote a Caballo, 4 km östlich von Uga, an der Hauptstraße nach Arrecife, ist ein guter Reitstall für Anfänger und Fortgeschrittene (Tel. 928 830 038, www.alturin.com).

AUSFLÜGE

Begeben Sie sich stilvoll auf hohe See mit der ***Marea Errota***, dem hölzernen Nachbau eines Schoners, der im 19. Jh. diese Gewässer befuhr. Kinder dürfen sich an Bord kostümieren und Pirat spielen, während die Erwachsenen im kristallklaren Wasser vor den Papagayo-Stränden schnorcheln (Tel. 928 517 633, http://personal2.iddeo.es/ mareaerrota

Genauso aufregend, aber viel moderner ist eine Segwaytour durch den geschützten Park Los Ajaches in der Nähe von Playa Blanca (Segways sind Elektroroller); Tel. 618 703 463, 625 701 055; www.ajaches.com.

Fuerteventura

Erster Überblick 118
Erste Orientierung 121
An einem Tag 123
Nicht verpassen! 125
Nach Lust und Laune! 129
Wohin zum … 131

Erster Überblick

Anreise nach Fuerteventura

Von Playa Blanca und Puerto del Carmen aus fahren regelmäßig Fähren und Expresskatamarane nach Corralejo an der Nordspitze Fuerteventuras.

Mit der Fähre

Der riesige Hightech-Katamaran *Bocayna Express*, von Fred Olsen betrieben, befördert Fahrzeuge und Fußgänger und braucht rund 12 Minuten für die Überfahrt (von Playa Blanca aus). Der erste Katamaran nach Corralejo legt Montag bis Freitag um 7.10 Uhr und am Wochenende um 8.30 Uhr ab. Den ganzen Tag über fahren die Fähren im Abstand von anderthalb bis zwei Stunden. Das letzte Boot in Corralejo geht um 19 Uhr (Tel. 902 100 107, www.fredolsen.es). Preise für Hin- und Rückfahrt: Erwachsener ohne Auto 28 Euro, Auto mit zwei Erwachsenen 93 Euro.

Die *Volcán de Tindaya* von Naviera Armas (➤ 40) transportiert ebenfalls Fußgänger und Fahrzeuge und ist 30 Minuten unterwegs (von Playa Blanca aus). Erste Abfahrt nach Corralejo ist um 7 Uhr; dann im 2-Stunden-Takt. Letzte Rückfahrt: 20 Uhr (Tel. 902 456 500, www.navieraarmas.com). Tarife für Hin- und Rückfahrt: Erwachsener ohne Auto 28 Euro, Auto mit zwei Erwachsenen 94 Euro.

Die *Princesa Ico Fuerteventura Express*, ein Glasboden-Katamaran von Princessa Ico (➤ 40), fährt von Puerto del Carmen aus und nimmt nur Fußgänger mit. Transfer von den größeren Hotels aus ist im Fahrpreis inbegriffen. Abfahrt täglich außer Donnerstag und Sonntag um 8.45 Uhr, Rückfahrt 15.15 Uhr. Die Überfahrt dauert 50 Minuten und kostet 33 Euro (Tel. 928 514 322 oder 629 731 293, www.princesa-ico.com).

Mit dem Flugzeug

Wenn Sie nicht zufällig Angst vor Booten haben oder geschäftlich in Arrecife und Puerto del Rosario zu tun haben (die jeweils nah am Flughafen liegen), ist es unsinnig, das Flugzeug nach Fuerteventura zu nehmen. Es dauert länger, ist umständlicher und obendrein viel teurer als die Fähre.

Made in Fuerteventura

- Die »Fuerte-Ziege« auf T-Shirt, Tasche usw.
- T-Shirt mit dem berühmten stilisierten Fußabdruck der Insel, erhältlich am heiligen Berg Tindaya
- Handgefertige Töpferwaren
- Eine *pintadera* – ein Stempel aus Stein oder Holz mit geometrischen Mustern, wie die alten Guanchen sie sich auf den Körper tätowierten

Organisierte Ausflüge

Neben dem regulären Fährdienst (siehe gegenüber) bietet Princessa Ico Pauschalausflüge mit dem Glasboden-Katamaran *Princessa Ico* an. Startpunkt ist meist Puerto del Carmen, manchmal aber auch Playa Blanca.

Die Drei-Inseln-Kreuzfahrt gibt Ihnen ein paar Stunden Zeit, um die Läden oder Märkte von Corralejo zu durchstöbern, ehe Sie wieder an Bord gehen, um die Isla de los Lobos anzusteuern.

Die Sanddünen-Kreuzfahrt schließt ein Mittagessen und eine Busfahrt zu den Dünen von Corralejo mit ein; ein zweifelhaftes Angebot, denn Sie essen garantiert anderswo besser, und die Dünen sind ohnehin nur 10–15 Minuten zu Fuß vom Stadtzentrum entfernt.

Für beide Ausflüge holt Princessa Ico Sie kostenlos von größeren Hotels ab. »Drei-Inseln« startet um 8.45 Uhr nur freitags, »Sanddünen« Montag bis Donnerstag und Samstag ebenfalls um 8.45 Uhr. Preis jeweils 44 Euro, Tel. 928 514 322 oder 629 731 293, www.princesa-ico.com.

Die *Cesar II* macht von Playa Blanca aus einen Ausflug nach Corralejo.

Die größeren Reiseanbieter organisieren auch Bustouren in Fuerteventura. Sie bekommen eine Führung mit Erläuterungen (vorausgesetzt, der Führer ist Experte für die Insel), müssen aber die hinlänglich bekannten Nachteile von Bustouren in Kauf nehmen.

Playas de Jandía

Ein wahrer Traum ist der lange weiße Sandstrand von Jandía rund 180 km südlich von Corralejo. Kein Ziel für einen Tag, aber die Strände von Corralejo sind nicht minder attraktiv.

Die beste Zeit für den Besuch

Corralejos Markttage sind Montag und Freitag. Wenn Sie die alte Inselhauptstadt Betancuria besichtigen wollen, fahren Sie nicht sonntags, weil dann die meisten Attraktionen geschlossen sind.

Auf Fuerteventura unterwegs

Innerhalb von Corralejo lassen sich alle Sehenswürdigkeiten zu Fuß erreichen. Die Taxis sehen aus wie auf Lanzarote: weiß mit grünem Licht auf dem Dach; wenn es leuchtet, ist das Taxi frei. Für Fahrten im Ort gilt der Taxameter.

Die Insel erkunden

Wenn Sie Corralejo verlassen wollen, brauchen Sie ein Auto. Sie können Ihren eigenen Mietwagen von Lanzarote auf der Fähre von Playa Blanca mitnehmen. Wenn Sie keinen Mietwagen haben, bekommen Sie einen in Corralejo am Hafen bei Cabrera Medina: Tel. 928 517 128, www.cabreramedina.com.

Außerhalb von Corralejo ist das Autofahren auf Fuerteventura sehr angenehm, da die Straßen gut sind und wenig Verkehr herrscht. Leider verführt das auch zum Rasen: Achten Sie also auf Ihr Tempo – und auf die einheimischen Fahrzeuge.

Geben Sie Acht, wenn Sie an den Straßenrand fahren: Die Flanken sind fast immer erhöht, sodass der Unterboden Ihres

Mietwagens leicht beschädigt werden kann.

Wenn Sie kein Auto mieten und trotzdem unabhängig sein wollen, können Sie am Hafen ein Taxi nehmen. Ein ganzer Tag kostet 170 Euro, und Sie kommen bis Betancuria, vielleicht sogar bis zum Oasispark von La Lajita (➤ 130). Infos über Taxis: Tel. 928 866 108 oder bei der Touristeninformation in Corralejo (➤ unten).

Touristeninformation

Das Büro liegt am Hafen: Muelle Chico, Avenida Maritima 2, Tel. 928 866 235, geöffnet So–Fr 8 bis 15, Sa 9–12 Uhr (Juli, Aug., Sept. 1 Std. früher).

Allgemeine Auskünfte über die Insel finden Sie auf der hervorragenden (inoffiziellen) Website www.fuerteventura.com.

Einkaufen

Produkte und Läden unterscheiden sich nicht von denen auf Lanzarote, wo die Auswahl sogar größer ist. Corralejo ist der größte Touristenort der Insel, aber Sie werden hier nichts finden, was es in Playa Blanca oder Puerto del Carmen nicht auch gäbe. Fuerteventura ist bei Windsurfern und Surfern beliebt, und zahlreiche Geschäfte bieten entsprechende Kleidung, Ausrüstung und Zubehör an.

Montags und freitags findet oben an der Uferstraße von Baku ein Wochenmarkt statt (9–13 Uhr). Hier gibt es Lederwaren, Kleidung, Wäsche, Spitzen, Stickereien, Töpferwaren und anderes Kunsthandwerk sowie den üblichen Ramsch (Fußball-T-Shirts und Uhren, knallige Strandtücher usw.). Bei den hochwertigen Produkten sollten Sie den Preis aushandeln.

Isla de los Lobos

Solange der Tag windstill ist, sollten Sie sich einen Besuch auf diesem traumhaften Eiland nicht entgehen lassen. Die Fähren nach Lobos liegen nur 50 m von den Docks der Lanzarote-Fuerteventura-Boote und -Katamarane entfernt. Sie fahren nur dreimal am Tag, um 9.45, 10.15 und 11.45 Uhr, die Fahrt dauert 20 Minuten und ist nicht teuer. Die Rückfahrten beginnen um 14.20, die letzte fährt um 18 Uhr zurück. Sie haben also genügend Zeit für die Läden, Cafés und Restaurants in Corralejo, bevor Sie nach Lanzarote zurückkehren.

Im Restaurant

Die Küche ist auf Fuerteventura in etwa die gleiche wie auf Lanzarote. Spezialität der Insel ist Ziege, die Sie in jeder nur erdenklichen Variation auf den Speisekarten finden. Alle Restaurants bieten Ziegenkäse an *(queso de cabra)*, auch paniert mit Quittenmarmelade *(membrillo)*, Palmenhonig *(miel de palma)* oder mojo verde. Halten Sie nach Kitz *(cabrito)* Ausschau, das frittiert, gebraten oder als Eintopf (compuesta) serviert wird. In manchen Restaurants gibt es Ziegen- oder Kitzeintopf nur sonntags.

Erste Orientierung

Was für ein Kontrast – hier das klar strukturierte Lanzarote mit seinen geschmackvollen Häusern und den gepflegten Feldern und Gärten, dort die schmutzigen Straßen und rauen Landschaften Fuerteventuras. Es ist, als habe jemand die Uhr zurückgedreht (Sagen Sie das in Corralejo aber nicht laut!). Auf dem Land scheint die Zeit gar keine Bedeutung zu haben.

Corralejo ist das größte und bekannteste Touristenzentrum der Insel und vergleichbar mit Playa Blanca oder Puerto del Carmen, mit dem es die Promenade samt internationalen Cafés und Einkaufszentren gemein hat, auch wenn sie wesentlich kleiner ist. Die zwei größten Attraktionen der Stadt sind der herrliche Strand vor der berühmten Kulisse der Sanddünen und der Baku Wasserpark.

Wenn Sie lieber die Insel entdecken wollen, mieten Sie ein Auto und fahren Sie durch die Dörfer nach Süden in die alte Hauptstadt Betancuria (➤ 127f). Nach den Feuerbergen von Timanfaya wirkt die Vulkanlandschaft hier relativ gemäßigt, dennoch kann man ihr eine gewisse Erhabenheit nicht absprechen, und Sie können kilometerweit fahren, ohne eine Menschenseele zu sehen, geschweige denn ein Designerrestaurant oder ein Boutiquehotel. Fuerteventura hatte niemanden wie César Manrique, der Touristenattraktionen schuf oder Regeln für Gestaltung vorgab. In schönen Dörfchen wie Villaverde, Betancuria und Pájara bekommen Sie einen guten Eindruck vom *majorero*, vom Stil Fuerteventuras.

Wie eine Reise in die Vergangenheit

★ Nicht verpassen!

1. **Corralejo** ➤ 125
2. **Betancuria** ➤ 127

Nach Lust und Laune!

3. La Oliva ➤ 129
4. Ecomuseo de La Alcogida ➤ 129
5. Antigua ➤ 129
6. La Lajita Oasis Park ➤ 130

Fuerteventura an einem Tag

Option A: Wenn Sie kein Auto haben; Markt ist montags und freitags.

Vormittags

Gehen Sie in 1 Corralejo (➤ 125f) vom Schiff geradeaus zum Ende des Hafens und halten Sie auf einen Kaffee und/oder Imbiss bei der Cafébäckerei *La Olá* auf der rechten Seite. Schlendern Sie dann die schöne Strandpromenade entlang (unten) bis zum Corralejo Beach Hotel, das ihr Ende markiert. Dahinter finden Sie die Haupteinkaufsstraße Avenida Nuestra Señora del Carmen, an deren oberem Ende (linker Hand) montags und freitags der Markt stattfindet (➤ 120). Zu Mittag essen können Sie im *Ambaradam* (➤ 131) im Baku Wasserpark.

Nachmittags

Baku (➤ 125) hat Familien noch viel mehr zu bieten als seine Wasserattraktionen und könnte Sie mit Sicherheit den Rest des Nachmittags unterhalten. Dennoch sollten Sie sich den goldenen Sand vom Flagbeach und Corralejos berühmte Dünen nicht entgehen lassen. Von Baku aus sind es über die Avenida de Fuerteventura 10–15 Minuten zu Fuß zum Strand, aber Sie können auch ein Taxi nehmen. Der Weg zu Fuß zurück in die Stadt ist kürzer, folgen Sie einfach dem Strand und dem Strom der Touristen. So kommen Sie zurück auf die Promenade und in die Altstadt, wo Ihnen zahlreiche Restaurants und Cafés (rechts) für einen Imbiss zur Verfügung stehen, ehe Sie wieder an Bord gehen.

Option B: Wenn Sie ein Auto haben. Bedenken Sie, dass sonntags die meisten Attraktionen in Betancuria geschlossen sind.

Vormittags

1 Brechen Sie früh auf. Vom Hafen (➤ 126f) aus fahren Sie geradeaus (im La Olá auf einen Kaffee halten). Biegen Sie links in die Calle Nuestra Señora del Carmen ein und folgen Sie ihr bis zur T-Kreuzung. Hier fahren Sie links auf die Corralejo-Ringstraße. Folgen Sie den Schildern nach La Oliva (18 km) und nehmen Sie die FV 101. Nach 13 km kommen Sie durch eines der schönsten Dörfer der Insel, Villaverde. Fahren Sie durch 3 **La Oliva** (Gemälde aus Nuestra Señora de Candelaria, rechts; ➤ 129), durch Montaña Tindaya (rechter Hand) und nach weiteren 10 km rechts auf die FV 207. Nach 7 km kommt ein gutes Freilichtmuseum, das 4 **Ecomuseo de La Alcogida** (➤ 129), wo Sie auch auf einen Imbiss halten können. Die FV 207 mündet nach weiteren 6 km in die Panoramastraße FV 30. Fahren Sie rechts Richtung 2 **Betancuria** , wo Sie die nächsten 2 bis 3 Stunden Zeit für Besichtigungen und ein Mittagessen haben (➤ 127f und 132).

Nachmittags

Fahren Sie auf der FV 30 zurück Richtung Norden, und biegen Sie rechts in die FV 415 nach 5 **Antigua** (oben; ➤ 129f) ein. Im Zentrum des Dörfchens biegen Sie links ab auf die FV 20 Richtung Norden, wo Sie nach 1–2 km die auffällige 200 Jahre alte Windmühle sehen – mit Garten, Platz und Restaurant ein idealer Ort für eine Pause, wenn Sie noch Zeit haben (bis Corralejo brauchen Sie noch rund eine Stunde). Nach 8 km biegen Sie links in die FV 30 ein, dann rechts in die FV 207. Nach rund 15 km gabelt sich die Straße. Fahren Sie links (rechts geht es nach Puerto del Rosario), um über La Olivia nach Corralejo zurückzugelangen.

Corralejo

Der größte Urlaubsort der Insel ist durch die Fußgängerzone, die den alten Fischerhafen von dem neuen touristischen Teil trennt, in zwei Teile geteilt.

Malerisch ist der alte Teil der Stadt mit seinen Plätzen und schmalen Gassen, die fast alle auf die Promenade führen, die mit schönen Restaurants und Cafés gesäumt ist. Das Zentrum bildet der »Musikplatz«, wie der Platz inoffiziell heißt, mit seinen Restaurants, wo es tagsüber ruhig ist, aber abends hoch hergeht. Die besten spanischen und einheimischen Cafés und Restaurants und ein paar schrullige Lädchen findet man ein bis zwei Straßen weiter Richtung Hafen.

Corralejo – ein Mix aus modernem Resort und altem Hafen

Der moderne Teil der Stadt gruppiert sich um die Avenida Nuestra Señora del Carmen mit ihren einfachen Einkaufs- und Vergnügungszentren und preiswerten Läden und Speiselokalen. Am Ende der Avenida liegt Baku, das ursprünglich als Aquapark mit acht Rutschen, Fahrgeschäften und einem Swimmingpool gegründet wurde. Inzwischen werden zwei weitere Attraktionen angeboten: Animal Experience mit einem Streichelzoo und Seelöwen- und Papageienshows sowie El Hotel del Terror, ein Geisterhaus. Andere familienorientierte Aktivitäten sind ein verwunschenes Schloss, eine Seilbahnrutsche, Paintball, Felsenklettern und Bowling.

Die Strände

Kunstvolle Sandskulpturen zieren oft den Strand in Hafennähe. Im Osten erstreckt sich ein Strand über die ganze Küstenseite der Stadt. Die besten Strände mit herrlich goldenem Sand beginnen rund 500 m östlich von hier; auf rund 7 km verschandeln nur zwei große Hotels die Landschaft. Kurz davor

Der Hafen von Corralejo

liegt der Flag Beach, der Strand der Windsurfer und Kiteboarder. Von allen Stränden aus haben Sie einen phantastischen Blick auf Los Lobos und Lanzarote.

Parque Natural de las Dunas

Auf der strandabgewandten Seite der Straße erstrecken sich auf rund 27 km² Corralejos weiße Sanddünen, die 1982 zum Nationalpark erklärt wurden. Die zwei Hotelburgen konnten dadurch nicht mehr verhindert werden, dafür aber weitere Versuche, diese ursprüngliche Landschaft zu verunstalten. Entfernen Sie sich 5–10 Gehminuten von der Straße mit ihrem Verkehrslärm, und Sie finden sich in der Wüstenwelt des Lawrence von Arabien wieder.

KLEINE PAUSE

➤ 132f; hier finden Sie einige der schönsten Cafés und Restaurants der Stadt.

---

167 E5
Baku
Avenida Nuestra Señora del Carmen ☎ 928 867 227, www.baku fuerteventura.com tägl. 10–17 Uhr (Juli, Aug., Sept. länger geöffnet)
sehr teuer

CORRALEJO: INSIDER-INFO

Top-Tipps: Unternehmen Sie Ihren Tagesausflug am zweiten Wochenende im November, wenn in den Dünen das **Kite-Festival** stattfindet, ein Feuerwerk der Farben.

Die **Isla de los Lobos** ist ebenfalls einen Ausflug wert; sie bietet einen schönen Strand, markierte Wanderwege und vom alten Vulkan aus ein herrliches Panorama. Machen Sie den Ausflug nur an einem windstillen Tag, da die Luft sonst voller Sand ist.

Geheimtipp: In der Avenida Fuerteventura (Hauptstraße zu den Stränden) versteckt sich neben einem Apartmentblock mit Irish Pub die **Villa Tabaiba Galería de Arte**. Die Öffnungszeiten wechseln, dennoch sollten Sie sich diese exzentrische Sammlung von Dalí und Miró beeinflusster Werke nicht entgehen lassen.

2 Betancuria

Betancuria bewahrt Traditionen und Sinn für Geschichte

Die ehemalige Inselhauptstadt beweist Sinn für Geschichte: Einige der Häuser haben noch ihre ursprünglichen Fassaden und Eingänge aus dem 16. und 17. Jh. Obendrein gibt es hier einige der besten Lokale der Insel.

1404 gründete Jean de Béthencourt, der Entdecker der Insel, diese Stadt weitab der Küste, um vor Überfällen der Berberpiraten geschützt zu sein – leider vergeblich. 1593 zerstörten sie die Kirche und nahmen 600 Einwohner als Sklaven. Das Dorf behielt seinen Hauptstadtstatus bis 1834; danach wurde es zu einem verschlafenen Nest, dem erst der Tourismus wieder neues Leben einhauchte.

Iglesia de Santa María

Die 1620 wieder aufgebaute Kirche (die nicht mehr als Kirche dient) ist die schönste der ganzen Insel: mit naiv in Pastell gestalteten Seitenaltären, barockem Hochaltar, gotischen Rundbögen, freistehender Kanzel, *mudéjar*-inspirierter (maurischer) Decke und einem plastischen Gemälde vom Tag des Jüngsten Gerichts.

Casa Santa María

Gegenüber der Kirche liegt die Casa Santa María mit Restaurant und Café (➤ 132). Ein Teil des größten Gebäudes im Ort, das überwiegend aus dem 16. Jh. stammt, wurde kürzlich in das sehr sehenswerte Museo Artesanía umgewandelt. In wunderschön im Kolonialstil gestalteten Räumen finden Sie Verkaufs- und Probierbereiche für Waren von der Insel, eine Multivisionsshow, eine Videovorführung und eine Ausstellung über Lanzarote; außerdem sieht man Kunsthandwerker bei der Arbeit und kann einen Kaktusgarten oder ein wunderschönes Café besuchen.

Museo de Arte Sacro

Das ehemalige Gemeindehaus aus dem 16. Jh. beherbergt heute eine kleine Sammlung sakraler Kunst.

KLEINE PAUSE

➤ 132; hier finden Sie Angebote in und rund um Betancuria.

167 D3

Iglesia de Santa María

Casa Santa María Museo Artesanía (Multivision, Kunsthandwerk, Läden)
Plaza Iglesia
928 878 282
Mo–Sa 11–16 Uhr
teuer

Iglesia de Santa Maria
Museo de Arte Saco, Calle Camelo Silvera
928 878 003
Mo–Fr 11–16.30, Sa 11–15.30 Uhr
preiswert (ein Eintritt für Kirche und Museum)

BETANCURIA: INSIDER-INFO

Top-Tipp: Als **Postkartenmotiv** präsentiert sich Betancuria auf der Hauptstraße von Süden her. Hier haben Sie einen herrlichen Blick über das trockene Flussbett auf die Iglesia de Santa María inmitten von ehrwürdigen weißen Häusern und grünen Palmwedeln.

Nicht verpassen! Die **Multivisionsshow** in der Casa Santa María

Muss nicht sein! Die dröge Sammlung von **Guanchen-Exponaten** im Museo Arqueológico y Etnográfico.

Geheimtipp: Die **Bronzekanone** vor dem Museo Arqueológico hatten 1740 englische Seeräuber zurückgelassen, die von 37 Einheimischen mit Musketen und bäuerlichen Geräten in die Flucht geschlagen wurden. Dreißig Engländer und fünf Einheimische kamen dabei ums Leben. Rund 200 m nördlich der Kirche befindet sich in einem Graben neben der Straße die dachlose Ruine des **Convento de San Buenaventura**, dessen Gründer, Franziskanermönche, mit den normannischen Eroberern gekommen waren.

Nach Lust und Laune!

3 La Oliva

Kaum mehr als ein großes Dorf, wartet La Oliva mit einigen eindrucksvollen Gebäuden auf. Am berühmtesten ist die prächtige Casa de los Coroneles (Haus der Kommandanten), ein schlossartiger Bau im Kolonialstil von 1650, in dem von 1709 bis 1859 die Inselgouverneure residierten und der kürzlich als Kunst- und Kulturzentrum wiedereröffnet worden ist (geöffnet Di–Sa 10–18 Uhr). Ebenfalls imposant ist die Iglesia de Nuestra Señora de la Candelaria von 1711 mit ihrem Glockenturm aus schwarzem Vulkanstein. Das schöne Innere gleicht der Kirche in Betancuria (► 127).

Das Centro de Arte Canario (CAC), kühl und modern und mit leiser New-Age-Musik, ist der kanarischen Kunst gewidmet und die Art von Galerie, die fast jeden Geschmack trifft.

167 E4

Centro de Arte Canario

Calle Salvador Manrique de Lara (gegenüber Casa de los Coroneles) 928 868 233

Mo–Sa 10.30–14 Uhr mittel

4 Ecomuseo de la Alcogida

Das Freilichtmuseum in der typischen staubig-roten Landschaft zeigt das Landleben, wie es vor 50 bis 100 Jahren war.

Für die Besichtigung der fünf Häuser und Höfe sollten Sie sich rund eine Stunde Zeit nehmen. Begleitkommentare in Deutsch gibt es vom Band – im Rahmen einer Audioführung.

Zu sehen ist hier alles von der ärmlichen Kate bis hin zum Gehöft mit von Eseln angetriebener Mühle (in Betrieb), Müllerhaus und Vorführungen von Handwerkskunst.

167 E4 928 878 049, www.majorero.com/laalcogida

Di–Fr, So 9.30–17.30 Uhr

mittel

Eine gute Adresse für lokale Kunst: Das Centro de Arte Canario

5 Antigua

Wie der Nachbarort Betancuria wurde dieses alte *(antigua)* Dorf 1485 von normannischen und andalusischen Siedlern gegründet und war ebenfalls einmal Inselhauptstadt. Heute ist Antigua nur noch ein gepflegter kleiner Ort. Auf dem schönen Hauptplatz steht die kleine weiße Kirche Nuestra Señora de Antigua von 1785 mit sehenswertem Innenraum.

Nördlich des Ortes befindet sich das Centro de Artesanía Molino, ein Museumsdorf und Ausstellungszentrum, das unter Mitwirkung von César Manrique entstand. Herzstück ist eine rekonstruierte Windmühle in einem Kaktusgarten. Einen Blick lohnt auch das Restaurant in einem umgebauten Kornspeicher (➤ 132).

167 D3

Centro de Artesanía Molino

in der Ortsmitte

928 851 400

Di–Fr und So 9.30–17 Uhr

preiswert

6 Oasispark La Lajita

Der Weg hierher ist weit (von Corralejo aus 145 km), aber Sie können fast den ganzen Tag in Fuerteventuras größter, schönster und ältester Touristenattraktion verbringen. Es gibt zwei gute Restaurants, und wenn Sie Natur und Tiere mögen, sind Sie hier richtig.

Der Oasispark, 1985 als botanischer Garten gegründet, macht mit üppigem Grün und lebendigen Farben seinem Namen noch immer alle Ehre (vergessen Sie nicht den Kaktusgarten).

Besonders schön ist die Lage der Tiergehege an schmalen, schattigen Wegen unter dichtem Blattwerk, mit leuchtend bunten Pflanzen und plätscherndem Wasser. Hier tummeln sich Hunderte Reptilien, Säugetiere und Vögel; Kinder lieben die Seelöwen-, Papagei- und Krokodilvorführungen, und die Greifvogelschau ist ebenso unterhaltsam wie informativ.

Der Zoo hat sich auf die Kamelzucht spezialisiert, und mit 220 Tieren ist die Herde die größte auf den Kanaren. Man kann auf den Tieren reiten (Extragebühr, teuer) und Kamelbabys bestaunen.

Im Savannengehege gibt es Giraffen, Antilopen und bedrohte Tiere aus Afrika, z.B. Nashörner (es gibt natürlich keine Raubtiere).

166 C2

Carretera General de Jandía (FV2 km 57.4), La Lajita 902 400 434, www.lajitaoasispark.com

tägl. 9–18 Uhr

teuer

Abseits der Touristenwege

Fahren Sie hinter dem Ecomuseo de la Alcogida rechts auf die FV 221 und dann 11 km bis zu dem schönen kleinen Hafen Los Molinos, wo es zwei gute Restaurants gibt.

Für Kinder

- Oasispark La Lajita (➤ links)
- Baku, Corralejo (➤ 125)

Beliebter Spaß: Kamelreiten im Oasispark La Lajita

Wohin zum … Essen und Trinken?

Preise
Die Preise gelten pro Person für ein Drei-Gänge-Menü ohne Getränke und Service:
€ unter 15 Euro   €€ 15–25 Euro   €€€ 25–30 Euro   €€€€ über 30 Euro

CORRALEJO

Ambaradam €
Das italienische Café liegt am oberen Ende der Promenade in einer Seitenstraße – als eine Oase der Ruhe in diesem Teil der Stadt, perfekt geeignet für einen Imbiss oder das Mittagessen nach dem Besuch des Marktes oder des Baku-Vergnügungsparks. Spezialität hier ist das Frühstück: Es gibt 47 verschiedene Pfannkuchen (süß und pikant) und 14 verschiedene Arten von Bruschetta. Freundliches junges Personal, gute Musik, italienischer Fußball im Fernsehen.

167 E5
Calle Commercial Cactus
696 996 207
Mo–Sa 8–1.30 Uhr

Antiguo Café del Puerto €€
Hier sind Sie zu jeder Tageszeit willkommen, ob Sie nun einen *café con leche* oder ein Bier bestellen oder sich in dem pastellfarbenen typisch spanischen Speiseraum ein paar leckere Tapas aussuchen. Das Personal ist freundlich und entgegenkommend.

167 E5   Calle La Ballena
928 535 844
Do–Di 11–1 Uhr

Café Latino €–€€
Zu allen Tageszeiten beliebt ist das Café Latino mit Tischen ganz vorne an der Promenade in einem eindrucksvollen Kaktusgarten auf schwarzem Bims. Die Speisekarte enthält internationale Snacks, aber auch Tapas und interessante einheimische Gerichte mit Avocado, Käse und Palmenhonig. Wenn Sie etwas essen wollen, kommen Sie am besten, wenn nicht viel los ist.

167 E5
Avenida Marítima 11
tägl. 9 Uhr – spätnachts

Factoria €€
Direkt am Wasser, aber etwas abseits vom Trubel gelegen, ist diese hübsche kleine Pizzeria eines der nettesten Lokale der Stadt. Man bekommt auch Steaks und Fisch, aber vor allem Pizza (probieren Sie z.B. die *felipini* mit Brokkoli, Speck und Lachs). Die perfekte Wahl für Familien mit Kindern!

167 E5   Avenida Marítima
928 535 726
tägl. 10.30–23 Uhr

La Olá €
Dieses attraktive moderne Café mit angeschlossener Bäckerei ist nur einen Katzensprung vom Hafen entfernt. Hier gibt es ein hervorragendes Frühstück – probieren Sie das *desayuno español* (spanisches Frühstück): Toastbrot mit Olivenöl, Tomate und *jamón serrano* (geräucherter Schinken). Die Betreiber sind zwar aus der Gegend, haben sich aber auf deutsche Backwaren, Kuchen und Käsekuchen spezialisiert. Der Eiskaffee frappé ist köstlich. Die Bedienung ist freundlich und schnell und Sie können drinnen oder draußen in gemütlichen Korbsesseln sitzen.

163 E5   Paseo Marítimo Bristol, Muelle Grande   928 535 304
Mi–Mo 7.30–20 Uhr

VILLAVERDE

El Horno €€
In dem schönen rustikalen Restaurant mit grünen Stofftischdecken und alten Ackergeräten isst man Gegrilltes – daran lässt der lange

Grill am Eingang keinen Zweifel. Beginnen Sie mit Aubergine auf Käse und Palmenhonig, lassen Sie *cochinillo* (Spanferkel) oder Kitz folgen – und zum Abschluss dann Feigen- oder *Gofio*-Eis.

167 E4 Carretera General Villaverde–La Oliva 191 (Hauptstraße)
928 868 671, 629 382 304
Di–Sa 12.30–23, So 12.30–16.30 Uhr

Hotel Rural Mahoh €€

Wählen Sie in reizvoller Umgebung aus einer der interessantesten kanarischen Speisekarten der Insel. Als Vorspeise zu empfehlen: Kroketten, gefüllte Paprika oder Kalamari mit *mojo verde*; zum Hauptgang *vieja* (Seepapagei) oder Ziege, und zum Dessert *leche frita* oder Feigeneis in warmer Schokosauce. Das täglich wechselnde *menú de la casa* ist erstklassig; sonntags weist die Tafel Gebratenes aus.

167 E4 Sitio de Juan Bello, Carretera Villaverde–La Oliva (Hauptstraße) 928 868 050, www.mahoh.com tägl. 13–24 Uhr

BETANCURIA

Casa Santa María €€–€€€€

Am Eingang des Cafés hängen Schinken, Knoblauch und Kuhglocken; hier können Sie hausgemachte Weine und Muskat aus Lanzarote vom Fass kaufen. Zwei malerische sonnige Innenhöfe schließen sich an, und ein wunderschön restauriertes koloniales Bauernhaus aus dem 16. Jh. beherbergt das Restaurant, das zurückhaltend mit Antiquitäten dekoriert ist. Das Essen ist hervorragend, aber teuer (das Tagesmenü ist bezahlbar).

Im Museo Artesanía gibt es auch ein Café (Eingang und Eintritt separat, €€) mit herrlicher Gartenkulisse und exzellenten Snacks und Kuchen.

167 E3
Plaza de Santa María
928 878 282
Hauptcafé und Restaurant Sept.–Juni 11–18 Uhr; Juli/Aug. 12–19 Uhr; Café im Museo Artesanía Mo–Sa 11–16 Uhr

Val Tarajal €€

Dieses traditionell in dunklem Holz gehaltene Restaurant zeichnet sich optisch eigentlich nur durch eines aus: eine 4 m lange *timple* (eine Art kanarische Ukulele)!

Auf der Karte stehen alle kanarischen Spezialitäten, manche wie *puchero* und *sancocho* gibt es nur sonn- und feiertags.

167 E3
Calle Roberto Roldán 6 (Hauptstraße)
928 878 007
Di–So 11–17 Uhr

ANTIGUA

La Molina €€

Das große runde Gebäude mutet fast wie eine Windmühle an, war aber früher ein Kornspeicher. Es wurde wundervoll restauriert: Wie eine braun-weiße Fellzeichnung wirken die Steinwände, die mit hellem Holz und Vulkanstein durchsetzt sind. Kanarische Musik und Kerzen unter umgestürzten Tontöpfen vervollständigen das stimmungsvolle Ambiente. Die kanarische Küche ist von gehobener Qualität: frittierter Käse mit *mojo verde* oder Tunfisch-Carpaccio, Ziegeneintopf oder *cazuela de pescadores*, ein Fischeintopf. Beliebt bei Ausflugsgruppen.

167 E3
Carretera de Antigua, km 20 (Hauptstraße)
928 878 577
Di–Fr, So 10–18, Küche 12–15 Uhr

VEGA DE RIO PALMAS

Don Antonio €€€€

3 km südlich von Betancuria in einem von Flieder überwachsenen Kolonialhaus verbirgt sich der – von Deutschen geleitete – Gourmettempel, das vermutlich teuerste Restaurant der Insel. Essen und Ambiente sind unübertroffen.

167 E3
Plaza Iglesia
928 878 757
Di–So 10–17 Uhr

Spaziergänge & Rundfahrten

1 Arrecife 134
2 Teguise 138
3 Der Norden 143
4 Der Süden 147

1 Arrecife

Spaziergang

LÄNGE: 4 km **DAUER:** 1½–2 Stunden
START: Gran Hotel **ZIEL:** Castillo de San José (alternativer Rundgang endet im Stadtzentrum in der Calle de León y Castillo) 163 D2

Auf dem einfachen Rundweg lernen Sie viele Facetten der Hauptstadt kennen – Geschichte, Kultur, Architektur, den Hafen und die Einkaufsmöglichkeiten. Wenn Sie Arrecife von früher kennen, wird Sie der erfreuliche Wandel überraschen.

Die Route führt direkt am Wasser entlang

Übrigens: Sie können den Weg durchaus auch in umgekehrter Richtung gehen, denn sowohl im Gran Hotel als auch im Castillo de San José kann man gut zu Mittag essen.

1–2

Das **Gran Hotel** ist nicht zu übersehen. Trotz aller Kontroversen ist der imposante 17-stöckige Hotelturm mit seiner wechselhaften Vergangenheit (➤ 92) doch das stolze neue Symbol der Stadt. In der Umgebung wird immer noch schwer gearbeitet: Die künstliche Playa del Reducto wurde umgestaltet, und auch das andere Ende des Strandes wird erneuert. Es gibt einen neuen Nachtclub und Regierungsgebäude; die Gegend entwickelt sich zum Treffpunkt für Einheimische und vermehrt auch für Touristen. Nehmen Sie den Aufzug und genießen Sie den Ausblick vom 17. Stock.

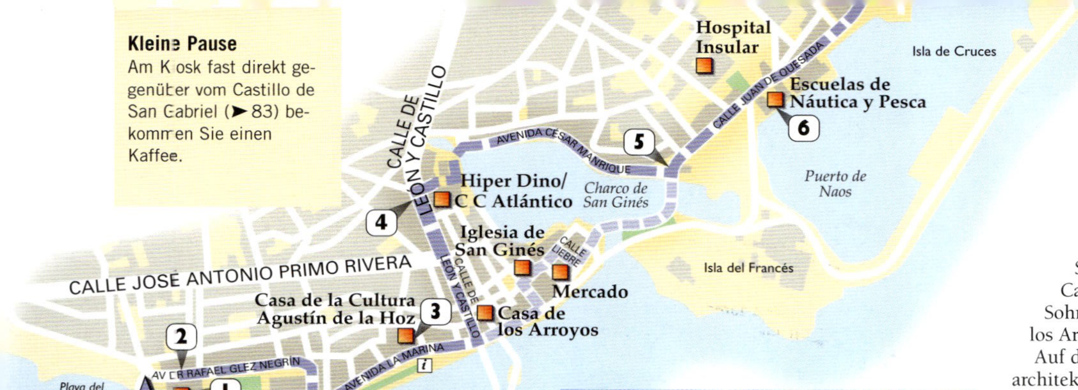

Kleine Pause
Am Kiosk fast direkt gegenüber vom Castillo de San Gabriel (➤ 83) bekommen Sie einen Kaffee.

2–3

Gehen Sie vom Hotel aus rechts am Wasser entlang, dann um die Ecke, am Yachtclub vorbei und auf die schöne, neu angelegte Promenade Avenida La Marina (ehemals Av. Generalissimo Franco) mit ihren herrlichen Tropengärten und Skulpturen. Das Gebäude am Anfang ist die offene Universität, die Statue davor der Physiker Don Blas Cabrera Felipe (1878–1945), »geliebter Sohn der Stadt«, über den Sie in der Casa de los Arroyos mehr erfahren (➤ 137).

Auf der Avenida lassen sich verschiedene architektonische Stile studieren: Nr. 14 aus dem Jahr 1917 ist klassizistisch, das reizende Haus daneben mit traditionellem kanarischem Holzbalkon stammt aus dem 19. Jh. Gleich hinter dem neuen Correos (Postamt), gegenüber dem restaurierten Pavillon (mit Touristeninformation), sehen Sie die **Casa de la Cultura Agustín de la Hoz** aus dem 19. Jh., bis Anfang der 1980er-Jahre Rathaus, heute Konzerthaus und Ausstellungszentrum.

Genießen Sie Moderne Kunst im Castillo de San José

Boote im Charco de San Ginés in Arrecife

3–4

Biegen Sie links in die verkehrsberuhigte Calle de León y Castillo ein. Auch hier finden Sie wieder verschiedenste Baustile. Beachten Sie das alte Gebäude an der ersten Ecke rechts mit seinen kanarischen Balkonen und steinernen Fensterrahmen. Die geflieste Fassade daneben, Sitz des Cabildo Insular (Inselregierung), stammt von 1900.

Betreten Sie etwas weiter auf der linken Seite den Laden von Tomas Panasco in einem typischen Gebäude des frühen 20. Jhs. Das Novedades-Vashi-Haus mit der Modeboutique Planet ist ein interessantes Beispiel für die Architektur der 1970er-Jahre. Ein paar Meter weiter bieten sich das Ravelo, das 1894 errichtet und 100 Jahre später restauriert wurde, und das benachbarte Almacenas Arencibia aus der gleichen Bauzeit, aber im ursprünglichen Zustand belassen, zum Vergleich an. Das Haus gegenüber, heute im Besitz von Segarra (und anderen), mit seiner verblassten, weiß gefliesten klassizistischen Fassade stammt von 1914. Die Einkaufsmeile mündet in das riesige moderne **Hiper-Dino-/Atlántico-Einkaufszentrum** mit Supermarkt, Kaufhaus und Kino. Einen Kontrast dazu bildet das Tamaragua gegenüber: ein Bau im spanischen Kolonialstil mit einer Fülle von Zimmern, die um einen zentralen Hof angeordnet sind.

4–5

Gehen Sie hinter dem Hiper Dino nach rechts; ein paar Meter weiter wartet auf Erstbesucher eine Überraschung: Mitten im Herzen der Stadt liegt eine große, friedvolle Lagune, der Charco de San Ginés, der nach dem Einkaufstrubel willkommene Ruhe bietet. Umwandern Sie ihn im Uhrzeigersinn; das Viertel mit den ehemaligen Fischerhäusern wurde wie andere Teile Arrecifes umfassend erneuert: Gebäude, Straßen, Gehwege hat man modernisiert, Palmen wurden gepflanzt und ein Miniwasserfall angelegt. Einige Cafés und Restaurants säumen die Lagune, und besonders schön ist es hier abends, wenn sich die Einheimischen versammeln und gemeinsam den Tag ausklingen lassen.

Unterwegs nach und in Arrecife

Von Puerto del Carmen aus nehmen Sie den Bus Nr. 2 oder den kostenlosen Transferbus am Einkaufszentrum Biosfera Plaza.

Wenn Sie mit dem Auto kommen, können Sie im Parkhaus des Hotels parken, das aber recht teuer ist. Der Parkplatz des Castillo ist kostenlos; gehen Sie dann den Spaziergang einfach in umgekehrter Richtung.

Der Bus Nr. 2 fährt am Wasser entlang vom Gran Hotel zum Castillo de San José und zurück.

5–6

Biegen Sie am Ende des Charco in die Calle Juan de Quesada ein. Nach 250 m erreichen Sie, linker Hand zurückversetzt, das **Hospital Insular** (Inselkrankenhaus) und seinen Garten mit alten Bäumen. Beachten Sie die ungewöhnliche abstrakte Lavaskulptur, die eine Schiffswinde darstellt und den Parkskulpturen an der Promenade gleicht. César Manrique schuf sie 1968 für Don José Molina, einen prominenten Arzt des Krankenhauses, der 1966 starb.

Gegenüber liegt das Instituto Marítimo Pesquero de Canarias (kanarisches Fischerei-Institut) mit der **Escuela de Náutica y Pesca** (Fischereischule), wo junge Leute aus ganz Spanien die neuesten Techniken der Seefahrt und Hochseefischerei erlernen. Die Tapasbar der Schule ist öffentlich – und wenn sich jemand mit Fisch auskennt, dann diese Jungs hier.

6–7

Gehen Sie weiter die Promenade entlang. Am Muelle Pesquero (Fischereihafen) sehen Sie die größte Fischereiflotte des Archipels. (Die Flotte von Las Palmas auf Gran Canaria ist etwas größer, enthält aber auch spanische und afrikanische Boote.) Die Flotte Lanzarotes existiert seit dem 14./15. Jh. und ist somit auch die älteste der Kanaren; angeblich wurden die Boote damals nach dem Vorbild der Piratenschiffe gebaut, die allzu oft diese Küste heimsuchten.

Die Zeiten sind hart für das Fischereigewerbe, seit internationale Richtlinien das Fischen in den traditionellen mauretanischen Gründen verbieten. Ausflugsboote und der Yachthafen sollen die Verluste ausgleichen.

Wenn Sie weitergehen, sehen Sie bald zu Ihrer Linken kleine Windmühlen; hier befand sich früher eine Salzpfanne.

Am Ende des Hafens thront das **Castillo de San José** aus dem 18. Jh., das César Manrique großartig restauriert und mit einer erstklassigen Sammlung moderner Kunst bestückt hat. Auch eines der besten Restaurants der Insel befindet sich hier (➤ 85 und 90). Gegenüber im Hochseehafen Muelle los Mármoles legen Kreuzfahrtschiffe an.

Alternativer, kürzerer Rundgang

Gehen Sie bei Punkt 5 nach rechts statt nach links und an der Promenade entlang zurück ins Stadtzentrum. An der Kreuzung mit der Calle Liebre findet der Fischmarkt *(mercado)* statt, der klein und modern wirkt und viel interessantes Meeresgetier präsentiert. Folgen Sie der Calle Liebre und wenden sich nach links, wo ein reizvoller Platz mit der Pfarrkirche San Ginés (➤ 84) vor Ihnen liegt. Gehen Sie vom Platz aus links wieder zum Meer zurück, dann nach rechts, und Sie kommen zur Casa de los Arroyos, einem schönen Kolonialhaus, das man besichtigen kann (➤ 84). Die verkehrsberuhigte Calle de León liegt nur ein paar Meter entfernt zu Ihrer Rechten.

Das Burgrestaurant bietet ein herrliches Hafenpanorama

Arrecife besuchen Sie am besten ...

... am Mittwochmorgen, wenn auf der Promenade Handwerksmarkt ist. Sonntags sind die Geschäfte geschlossen. Am besten kommen Sie vormittags, denn die Geschäfte schließen über Mittag, und Sie können Ihren Rundgang mit einem Mittagessen beschließen.

2 Teguise
Spaziergang

Teguise ist perfekt geeignet für Erkundungstouren zu Fuß. Die sorgfältig erhaltenen Gemäuer, die durch strenge Richtlinien geschützt sind, atmen Geschichte und Charakter. Die Stadt ist klein, meist autofrei, und man findet sich leicht zurecht.

Einen Besuch wert: der Palacio Spínola aus dem 18. Jh.

LÄNGE: ca. 2 km **DAUER:** 1½ Stunden
START/ZIEL: Plaza San Miguel 163 D4

1–2

Die auffällige Kirche **Nuestra Señora de Guadelupe** bietet sich als Startpunkt für eine Stadttour an. Sie stammt ursprünglich von 1420, wurde aber viele Male neu errichtet.

Nach schweren Brandschäden im Jahr 1909 wurde sie leider ein wenig unzulänglich rekonstruiert.

Überqueren Sie die Plaza San Miguel und sehen Sie sich die Caja Canarias an, ehemals La Cilla, ein massiges Steinhaus von 1680. Im Mittelalter mussten die Bauern 10% ihrer Getreideernte der Kirche geben, der »Zehnt« wurde hier gelagert.

Gegenüber der Kirche erhebt sich der Palacio Spínola, errichtet zwischen 1730 und 1780 (➤ 56), heute Eigentum der Stadtverwaltung, Tourismusbüro und offizieller Sitz der Regierung des Archipels.

Das Gebäude aus dem 18. Jh. direkt gegenüber, neben der Kirche, gehört zur **Universität** von Las Palmas.

An der unteren Ecke des Platzes hat die Policía Municipal ihren Sitz; das Haus gehörte Mitte des 17. Jhs. einem prominenten Einwohner. Nehmen Sie hier einen kostenlosen Stadtplan

Der Rundgang beginnt an der Iglesia Nuestra Señora de Guadelupe

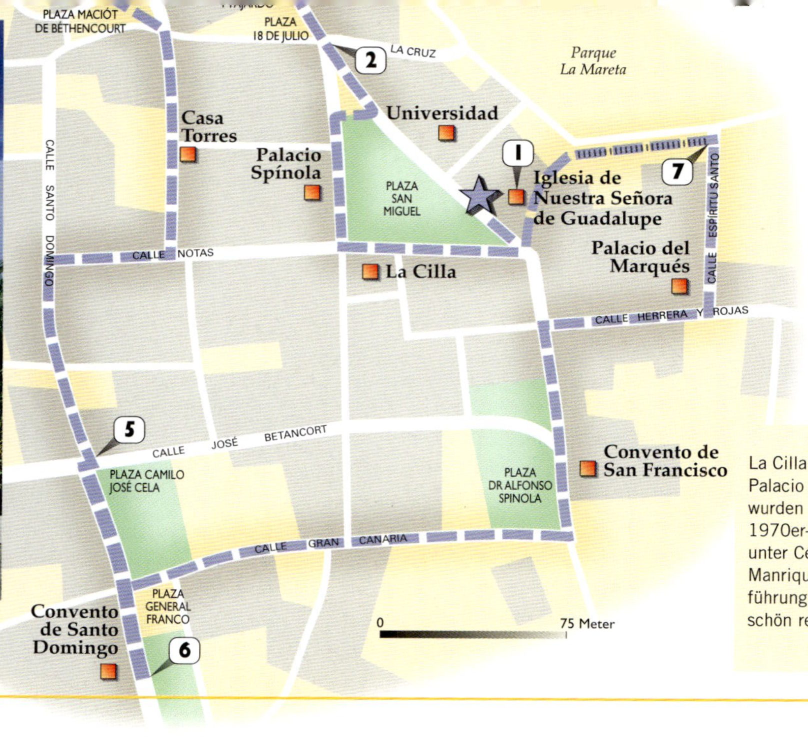

La Cilla und der Palacio Spínola wurden Mitte der 1970er-Jahre unter César Manriques Federführung wunderschön restauriert.

Große Namen mit Geschichte

Die Plaza Maciot de Béthencourt heißt nach dem Neffen und Nachfolger des Inselentdeckers, Jean de Béthencourt. Maciot gründete Teguise 1418 und benannte die Stadt (der Legende zufolge) nach seiner Braut, Prinzessin Teguise, der Tochter des Guanchenkönigs Guadarfía.

mit. Ebenso alt ist das Haus gegenüber, mit dem Malvasia-Laden.

Beachten Sie das Holzkreuz neben Malvasia: In der Stadt stehen insgesamt 14; sie markieren die Stationen des Kreuzwegs, dem die Prozession in der Semana Santa (Karwoche) folgt.

2–3

Betreten Sie die herrliche Plaza 18 de Julio und sehen Sie sich die Statue der Frau mit dem Wasserkrug an. Die rechte Seite des Platzes, der in die Plaza Clavijo y Fajardo übergeht, säumt eine schöne Häuserfront.

Das Ikarus-Haus ist rund 250 Jahre alt und war einst Sitz des Friedensrichters. Es wurde von den Eigentümern geschmackvoll restauriert und beherbergt eine Kunstgalerie und ein Restaurant (➤ 69).

La Bodeguita del Medio nebenan diente früher als Leichenschauhaus; kaum zu glauben, wenn man die belebte Tapasbar heute sieht (➤ 68)!

Die Galería La Ville daneben hat als eines von wenigen Häusern der Stadt ihren zentralen Innenhof behalten, den man besichtigen kann (gehen Sie durch den marokkanischen Laden).

Ikarus im Rücken, sehen Sie rechter Hand vor sich ein großes Haus an der Plaza 18 de Julio, heute ein Teppichgeschäft, ursprünglich das erste Krankenhaus der Stadt (Hospital del Espíritu Santo) von 1473. Das jetzige Gebäude stammt aus dem frühen 18. Jh.

3–4

Das typisch kanarische Haus auf dem nächsten Platz, das Einzige dieser Art mit weißer Fassade und Balkon, stammt aus dem 18. Jh. und dient heute als **Casa Cuartel** (Kaserne) der Guardia Civil (Staatspolizei). Gehen Sie davor rechts über die Calle Puerto y Villa de Garachico, dann links auf die Plaza Reina Ico. Beachten Sie den typischen rot gestrichenen Eingang von Nr. 2. Gerade vor sich sehen Sie die schlichte Kapelle **Ermita de la Vera Cruz**, begründet 1841. Sie birgt Gemälde und Gegenstände, die im 17. Jh. aus Portugal kamen.

Leider ist sie selten geöffnet; aber versuchen Sie Ihr Glück, und fragen Sie nebenan in der Escuela de Artesanía (Schule für Kunst-

Käse und Brot sind leckere Souvenirs

Blick in das schöne Innere von Nuestra Señora de Guadelupe

handwerk) nach dem Schlüssel. Vielleicht haben Sie zufälligerweise Glück und können dabei zuschauen, wie einer der Schüler eine *timple*, das typische Instrument der Kanaren, fertigt.

4–5

Gehen Sie gegenüber der Schule in die Calle Dr. Alfred Spinola und dann links in die Calle el Rayo (zurück Richtung Casa Cuartel); die Erste rechts ist die Calle Carniceria, früher die Straße der Schlachter.

Rechter Hand liegt das Stadtarchiv, das **Archivo Histórico**, in einem Gebäude aus dem 18. Jh. Wenn Sie etwas Spanisch sprechen, werden Ihnen gerne alle Ihre Fragen über die Stadtgeschichte beantwortet.

Biegen Sie gegenüber dem Archiv in die Calle Correo ein, und überqueren Sie die Plaza Maciot de Béthencourt, so gelangen Sie in die Calle Higuera. Der Tierra-Laden veranschaulicht, wie schön dieses Haus aus dem 19. Jh. restauriert wurde.

Etwas weiter gegenüber steht die **Casa Torres**, ein prächtiger Bau aus dem 18. Jh. mit geschnitzten Läden. Am Ende dieser Straße biegen Sie rechts in die Calle Notas ein, wo Sie ein charmantes kleines 1930er-Jahre-Haus in Rot und Weiß, ehemals ein Kino, heute der Laden Emporium Antiques, empfängt. An der nächsten Ecke gehen Sie links in die Calle Santo Domingo und überqueren am Zebrastreifen die verkehrsreiche Hauptstraße.

5–6

Die große Plaza Camilo José Cela besitzt als Eingang einen schönen Bogen; das Gebäude am gegenüberliegenden Ende ist die Casa Spínola, die wie vieles andere der reichsten Familie der Stadt gehört. Einst war sie im Besitz des Dominikanerordens, dessen ehemaliges Kloster auf der anderen Straßenseite liegt.

Auf der rechten Straßenseite lädt Sie das rustikale Café *Tahona* mit seinem idyllischen Innenhof zum Verweilen ein. Gegenüber sehen Sie die Casa de Castillo, ein wunderschönes Haus, heute mit der Modeboutique Indigo.

Schauen Sie sich den **Convento de Santo Domingo** (➤ 57) aus dem 17. Jh. an, heute eine Galerie für moderne Kunst.

Das Gebäude nebenan ist das Rathaus; im Innern ist der ursprüngliche Kreuzgang des Klosters erhalten.

6–7

Kehren Sie um und gehen Sie am Indigo vorbei in die Calle Gran Canaria; hoch auf einem Hügel in der Ferne erhebt sich vor Ihnen das Castillo de Santa Bárbara (➤ 57). Die Calle Gran Canaria endet am Convento de San Francisco, dem heutige Museo de Arte Sacro (➤ 57). Gehen Sie links an der Kirche vorbei, dann rechts in die Calle Marqués de Herrera y Rojas. Der **Palacio del Marqués** linker Hand ist das älteste Haus von Teguise, und in seinem bezaubernden Innenhof, dem Patio del Vino, kann man sich wunderbar zu einem Imbiss niederlassen (➤ 57 und 69).

Rechts, auf der anderen Seite der Calle Espíritu Santo, schließt sich das städtische Theater an, das Teatrillo (kleines Theater), seit 1825 im Hauptschiff der alten Kirche Espíritu Santo von 1730 untergebracht.

Die Calle Espíritu Santo mündet in den Parque La Mareta, eine große Freifläche. Das Herzstück des Sonntagsmarktes war einst die Zisterne bzw. der Trinkwasserspeicher der Stadt.

7–1

Nehmen Sie links die Treppen und wenden Sie sich hinter der Kirche erneut nach links in die Calle La Sangre, die »Blutstraße«, wo im 16. Jh., zu Zeiten häufiger Piratenüberfälle, zahlreiche Insulaner von den Freibeutern tyrannisiert und niedergemetzelt wurden. Wenn Sie sich rechts halten, kommen Sie auf der Plaza San Miguel vor der Kirche heraus.

Im Parque La Mareta ist jeden Sonntag Markttag

3 Der Norden

Rundfahrt

LÄNGE: 58 km **DAUER:** 2–3 Stunden
START/ZIEL: Tahiche (Kreisverkehr Fundación César Manrique) 163 D3

Dieser Tagesausflug führt Sie in den Norden und ins Zentrum von Lanzarote. Die Straßen sind im Norden gut ausgebaut und gerade, im Herzen der Insel jedoch oft holprig; dennoch lohnt das phantastische Bergpanorama die Mühe.

Dass Lanzarote landschaftlich mehr zu bieten hat als nur die Feuerberge, beweist diese Tour. Der Norden ist zudem unverkennbar geprägt vom größten Künstler der Insel, César Manrique. Wenn Sie noch nicht genug von ihm gesehen haben, besuchen Sie die Fundación César Manrique (➤ 54f) am Beginn der Tour – oder vielleicht bei anderer Gelegenheit, damit der Tag nicht zu lang wird.

1–2

Den Kreisel, an dem die Fahrt beginnt, kennzeichnet ein riesiges silbriges Mobile, natürlich von Manrique! Fahren Sie auf der LZ 10 nach Norden Richtung Teguise. Tahiche und das benachbarte Nazaret sind zurzeit als Wohnorte sehr beliebt, wie man an den Anwesen entlang der Straße unschwer erkennen kann. Auf dem Weg erwarten Sie herrliche Ausblicke über das nach Westen abfallende Land (zu Ihrer Linken). Vor Ihnen rechts thront hoch über Teguise das Castillo de Santa Bárbara (➤ 57). Um die Stadt zu besichtigen, bleibt heute keine Zeit, aber wenn Sie kurz auf einen Kaffee halten wollen, gehen Sie in das Restaurant *Suso* an der Hauptstraße, gegenüber dem Ortseingang.

Die LZ 10 windet sich nun über ansteigendes Gelände. Los Valles ist ein sehr schön erhaltenes kleines Dorf, das in einer Vertiefung liegt; seine Äcker bilden große Rechtecke, sodass die Landschaft geometrisch streng wirkt. Traditionelle niedrige Häuschen mit kleinen Fenstern, Frauen bei der Feldarbeit mit typischen Häubchen (➤ 146) gegen Wind und Staub, alte Männer mit Filz- oder Stoffhüten: Die Szenerie erscheint

Die Kakteen wurden ursprünglich für die Zucht der Koschenillelaus benötigt

Am besten besuchen Sie …

… Teguise *nicht* sonntags, weil die Straßen wegen des Marktes überfüllt sind. Kommen Sie samstags zum Kunsthandwerksmarkt nach Haría.

wie aus ferner Vergangenheit. Einen herrlichen Blick bietet der Mirador de los Valles; am Hinweisschild rechts befindet sich ein gutes Restaurant, das Frühstück serviert.

2–3

Nach rund 3 km, wenn der Riesengolfball, die Radarstation von Peñas del Chache (vor Ihnen links), immer näher kommt, erblicken Sie auf der anderen Straßenseite eine Abzweigung zum **Parque Eólico**. Hier finden Sie die großen Windräder, die Sie vielleicht von weitem schon öfter gesehen haben. Der Park ist nichts weiter als eine schöne Grünanlage, aber der Blick bis weit über Arrecife ist spektakulär. Die gegenüberliegende Küste können Sie bewundern, wenn Sie rund 1 km weiter links abbiegen, Richtung **Ermita de las Nieves** (»Einsiedelei im Schnee«). Schnee ist zwar unwahrscheinlich, aber der Wind könnte heftig wehen, also mummeln Sie sich gut ein! Unter Ihnen erstreckt sich der Strand von Famara (➤ 64); die gleichförmigen Dächer der Bungalows bilden ein interessantes Muster. Rechter Hand zeichnen sich die Klippen **Risco de Famara** ab und dahinter Lanzarotes nördliche Inseln.

Ein schöner Blickfang: die traditionelle Architektur der Dörfer

Das Militärgebiet von **Peñas del Chache** ist Sperrgebiet – leider, denn es umfasst den mit 672 m höchsten Punkt der Insel. Kehren Sie zur Hauptstraße zurück.

3–4

Jetzt geht es nach Haría. Auf der spektakulären Abfahrt passieren Sie zwei *miradores* (Aussichtspunkte): Los Helechos, wo Sie zwar nicht die Stadt, aber bis hoch in den Norden sehen können, über das »Tal der tausend Palmen«, und nach Osten bis zum

Fischerdorf Arrieta, das auch auf Ihrem Weg liegt. Es gibt hier ein Selbstbedienungsrestaurant, das eigentlich zu teuer, aber bei Busgruppen beliebt ist. Der zweite heißt Mirador de Haría; von hier aus hat man einen herrlichen Blick auf die Stadt, aber der Platz ist klein und nicht immer geöffnet.

Haría ist eine hübsche kleine Stadt (➤ 65) und am schönsten, wenn samstags die Kunsthandwerker der Insel auf dem Markt ihre Waren feilbieten. Parken Sie außerhalb auf dem Parkplatz des Restaurants *Cortijo de Haría* (➤ 69), wo man gut essen kann und das Stadtzentrum buchstäblich um die Ecke liegt.

Der mächtigen Monte Corona beherrscht die Landschaft der Insel

4–5

Fahren Sie durch die engen Gässchen und folgen Sie den Schildern zum **Mirador del Río**. Durchqueren Sie das hübsche Dörfchen Máguez, und biegen Sie dann links zum Mirador del Río ab. Sie glauben, Sie haben mittlerweile genug Aussichtspunkte gesehen? Überlegen Sie es sich, denn dieser ist so etwas wie die Mutter aller *miradores* – und ein Meisterwerk von César Manrique (➤ 10ff)! Kehren Sie auf die Hauptstraße zurück und wenden Sie sich nach Süden. Mächtig erhebt sich hier der gipfellose **Monte Corona**, mit 605 m der höchste Vulkan der Insel.

Haría ist vor allem samstags wegen des Handwerksmarktes einen Besuch wert

Seine Lava bedeckt den ganzen Nordwesten der Insel, das Malpaís de la Corona, und an seinem Fuß liegen zwei der wichtigsten Touristenattraktionen Lanzarotes, Jameos del Agua (➤ 59ff) und Cueva de los Verdes (➤ 62).

Wenn Sie wieder auf der Hauptstraße sind, geben Sie Acht auf handgeschriebene Hinweise zur bodenständigen Bodega Volcán Corona, die unbedingt einen Besuch lohnt – der Atmosphäre wegen, aber auch für eine Weinprobe. Auf dem Weg ins Tal reiht sich ein Weinberg an den anderen.

Zur Bodega gehört der große weiße burgartige Bau hoch auf dem Hügel, wo es den Einheimischen zufolge spukt …

5–6

Die Abfahrt endet an der Küste bei Arrieta. Wenn Sie eines der Fischrestaurants der Stadt besuchen wollen, biegen Sie an dem Kreisverkehr mit dem Manrique-Mobile ab, sonst bleiben Sie auf der Hauptstraße (jetzt die LZ 1) Richtung Arrecife. Nach rund 3 km fahren Sie links nach Mala und Guatiza.

Die Straße säumen jetzt Kaktusfelder, und nach weiteren 2–3 km erreichen Sie den ungewöhnlichsten Kaktusgarten der Welt, den **Jardín de Cactus** (➤ 63), der sich bestens für eine Rast mit Imbiss eignet.

6–1

Nach 2 km trifft diese Straße wieder auf die Hauptstraße. Von hier aus sind es 7 km bis Tahiche, wo Sie links abbiegen, um zum Startpunkt des Ausflugs zurückzukehren.

7

Wenn Sie etwas mehr Zeit haben …

Wenn Sie es nicht eilig haben, nehmen Sie auf der LZ 1 südlich vom Jardín de Cactus die nächste Straße rechts nach **Teseguite**.

Campesinas und Sombreras

Die Frauen auf den Feldern, die *campesinas*, tragen entweder einen kegelförmigen Strohhut mit Bändern, die *sombrera de la Graciosa* oder *sombrera de San Bartolomé*, oder, wenn sie unverheiratet sind, ein weißes Stoffhäubchen, die *sombrera de la campesina*. Die Hüte der Männer heißen *chapeo* oder *sombrero de campesino*.

Beiderseits der Straße erheben sich hier eigentümlich geformte Felsformationen, Säulen oder oder massive Blöcke, manche mit Löchern, wo das weiche Gestein durch Erosion abgetragen wurde. Fahren Sie weiter bis Teseguite, wo Sie (rechter Hand) eine der besten und sympathischsten Kunstgalerien der Insel erwartet, die Arte Cerámica. Die Straße mündet nördlich von Teguise in die LZ 10; nutzen Sie die Gelegenheit und gönnen Sie sich eine Pause in einem der vielen exzellenten Restaurants der Stadt (➤ 69).

Südlich von Teguise lockt das ungewöhnliche, aber empfehlenswerte Caférestaurant LagOmar (➤ 68).

4 Der Süden

Rundfahrt

LÄNGE: 57 km **DAUER:** 2–3 Stunden
START/ZIEL: Kreisverkehr Mácher (LZ 2) 165 E3

Auf dieser kurvenreichen Fahrt durch eine der schönsten und ursprünglichsten Landschaften der Insel werden Sie Wunder erleben – natürliche und von Menschenhand geschaffene. Einzigartig ist auch das letzte Stück Weg durch die Weinberge von La Geria, die Sie, wie auch die Weine, ohne Hast genießen sollten.

Genießen Sie entspannt die Fahrt durch malerische Dörfer wie Uga

1–2

Fahren Sie 7 km lang Richtung Yaiza nach Westen, das sich abzeichnende Bergpanorama des Südens im Blick. Am Kreisverkehr biegen Sie links nach Femés ab. Passieren Sie den hübschen kleinen Weiler Las Casitas und beachten Sie das letzte Haus auf der rechten Seite. Im Vorgarten prangt zwischen allerlei Utensilien für die Seefahrt ein kleiner Helikopter der US-Armee! Im Winter ist es hier sehr grün, und die Felder sehen fast aus wie Alpenweiden. Die Straße mäandert weiter hinauf bis zum Gipfel des Vulkans Atalaya de Femés auf 609 m. An einen Bergpass

Phantastische Blicke bieten sich direkt vom Auto aus

geschmiegt, blickt das Dörfchen **Femés** auf Playa Blanca, die Isla de los Lobos und Fuerteventura herab. Die Kirche Ermita San Marcial del Rubicón aus dem 15. Jh. ist eine der ältesten der Insel. Im 16. Jh. von Piraten zerstört, wurde sie 1733 wieder aufgebaut (geöffnet nur für Gottesdienste); San Marcial ist der Schutzheilige der Insel. Nun erstreckt sich die Ebene von El Rubicón vor Ihnen.

Hier landete im Sommer 1402 Jean de Béthencourt, um mit Guadarfía, dem letzten Guanchenkönig, einen Friedenspakt zu schließen.

Kleine Pause
Zu Mittag bekommen Sie nirgendwo so frischen Fisch wie im *El Golfo* (➤ 112), aber vielleicht fahren Sie auch weiter bis Yaiza, um im wahrscheinlich berühmtesten Restaurant der Insel zu essen, im *La Era* (➤ 112).

Kleine Pause
Parken Sie bei der Kirche von Playa Blanca und gehen Sie am Kreisverkehr vorbei zum Meer. Hier erwartet Sie das Caférestaurant *Almacén de la Sal* in einem wunderschön restaurierten früheren Salzlager (➤ 113). Genießen Sie auf der Terrasse einen Kaffee.

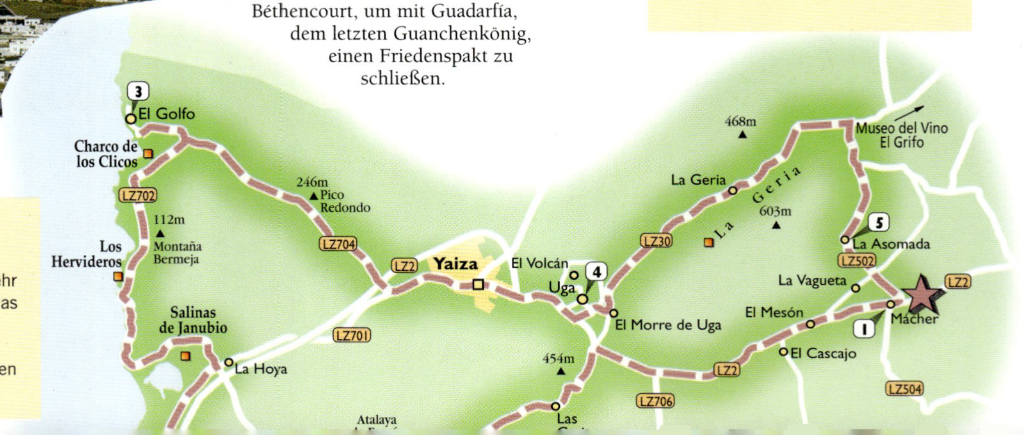

Fahren Sie nach **Playa Blanca**, um an der Promenade einen Kaffee zu trinken.

2–3

Kehren Sie in nördlicher Richtung auf die Hauptstraße zurück, wählen Sie aber am ersten Kreisverkehr nicht die LZ 2, sondern die parallel verlaufende LZ 701. Nach 8 km können Sie links halten und den Blick über die **Salinas de Janubio** genießen (➤ 110).

Sie können aber auch an den Salzpfannen vorbeifahren und dann links am Restaurant des Mirador eine Rast einlegen und mit Blick auf die Salinas etwas essen und trinken.

Bleiben Sie auf der Straße; nach 1,4 km kommen Sie zu einem schwarzen Sandstrand (Baden nicht möglich), wo Strandgutsammler nach so genannten Vulkanbomben suchen, in deren Innerem sie Olivin zu finden hoffen.

Folgen Sie der Küstenstraße und halten Sie erneut, um die Grotten von **Los Hervideros** zu besichtigen (➤ 110), besonders an stürmischen Tagen. Wieder auf dem Weg, erhebt sich vor Ihnen die **Montaña Bermeja** (roter Berg), die

mit ihrem leuchtenden Rotorange vor der schwarzen Vulkanlandschaft fast deplatziert wirkt.

Auf dem Weg nach El Golfo tauchen die bizarren Konturen eines zerklüfteten Felsens vor Ihnen auf.

Unternehmen Sie zu Fuß kurz einen Abstecher nach links Richtung **Charco de los Clicos**, um die gestreiften Felsen und den Strand von oben zu sehen.

Folgen Sie anschließend den **El-Golfo**-Schildern zum Ort und zum Klippenpfad, von wo aus Sie den besten Blick über die berühmte Lagune haben (➤ 110).

Betrachten Sie die Gegend einmal aus einer anderen Perspektive!

3–4

Fahren Sie den gleichen Weg zurück aus El Golfo hinaus und dann am Kreisverkehr geradeaus bis ins Zentrum von **Yaiza**, einem der besterhaltenen Dörfer Lanzarotes (-> 111). Zwischen Dorfrand und dem nächsten Kreisverkehr sehen Sie die auffällige rosafarbene Fassade der Finca de las

Salinas, eines der besten Landhotels der Insel (➤ 114). Links vom Kreisverkehr steht eine Windmühle, die von der Inselregierung in ein Bildungszentrum umgewidmet wurde. Die LZ 2 führt Sie wieder zurück Richtung Arrecife; linker Hand liegt das schön erhaltene Dörfchen Uga mit der hervorragenden Bodega **Uga** (am besten abends; ➤ 35). Uga ist berühmt für seine Ahumadería (Räucherei), die weite Teile der Insel mit Räucherlachs beliefert (➤ 116).

Biegen Sie hinter dem Laden der Räucherei links ab auf die ansteigende LZ 30; Uga lassen Sie dabei links unter sich zurück. Das große freie Rund ist die alte *mareta* (Zisterne/Wasserspeicher).

4–5

Die LZ 30 ist Lanzarotes malerischste Straße, denn sie führt mitten durch La Geria (➤ 107f) hindurch. Schilder warnen, dass die Straße in *mal estado*, in schlechtem Zustand, sei, aber Sie werden bald feststellen, dass Sie das gar nicht stört.

Straße und Landschaft harmonieren perfekt, und die Aussicht ist so traumhaft, dass Sie gar nicht schneller fahren wollen.

Die Straße verengt sich hin und wieder, aber es gibt dennoch genügend Ausweichstellen. Zur Linken bilden die imposanten Feuerberge eine wirkungsvolle Kulisse für die surrealen schwarzen Weingärten mit ihren hufeisenförmigen Schutzmäuerchen.

Die erste Bodega ist die Bodega La Geria, die einen Besuch lohnt (➤ 108). 100 m weiter zweigt rechts an einem Schild mit Messer und Gabel ein schmaler Weg ab.

Hier kommen Sie zur Bodega El Chupadero, die ein bezauberndes kleines Weinlokal (➤ 108) beherbergt.

Wieder auf der Hauptstraße, folgt die Bodega A. Suarez, wo häufig Touristenbusse halten. Nach weiteren 2–3 km biegen Sie rechts ab nach La Asomada und kehren zurück auf die glatte Asphaltstraße.

5–1

Fahren Sie durch **La Asomada** zurück zum Mácher-Kreisverkehr auf der Hauptstraße LZ 2

Die Salzpfannen von Salinas de Janubio gelten als die größten des gesamten Archipels

Praktisches

INFORMATION VORAB

Websites
- www.lanzarote.com
- www.turismolanzarote.com

Spanisches Fremdenverkehrsbüro: www.tourspain.es

Auf Lanzarote
Touristeninformation im Pavillon
Calle Blas Cabrera Felipe s/n
☎ 928 811 762

REISEVORBEREITUNG

WICHTIGE PAPIERE

● Erforderlich
○ Empfohlen
▲ Nicht erforderlich

	Deutschland	Österreich	Schweiz
Pass/Personalausweis	●	●	●
Visum	▲	▲	▲
Weiter- oder Rückflugticket	○	●	●
Impfungen (Tetanus und Polio)	▲	▲	▲
Krankenverversicherung (➤ 158, Gesundheit)	▲	▲	▲
Reiseversicherung	○	○	○
Führerschein (national)	●	●	●
Kfz-Haftpflichtversicherung	●	●	●
Fahrzeugschein	●	●	●

REISEZEIT

Lanzarote

Hochsaison / Nebensaison

	JAN	FEB	MÄRZ	APRIL	MAI	JUNI	JULI	AUG	SEPT	OKT	NOV	DEZ
Saison	Hochsaison	Hochsaison	Hochsaison	Hochsaison	Nebensaison	Nebensaison	Nebensaison	Nebensaison	Nebensaison	Nebensaison	Hochsaison	Hochsaison
Temperatur	22°C	23°C	26°C	22°C	25°C	26°C	26°C	28°C	26°C	26°C	24°C	23°C
Wetter	Wechselhaft	Sonnig	Sonnig	Wechselhaft	Sonnig	Sonnig	Sonnig	Sonnig	Sonnig	Sonnig	Wechselhaft	Wechselhaft

Sonnig · Bedeckt · Regnerisch · Wechselhaft

Die angegebenen Temperaturen sind die **durchschnittlichen Tageshöchstwerte** jedes Monats. Die Mindesttemperaturen sinken selten unter 15 °C. Es herrscht ganzjährig Frühlingsklima, d.h. die Durchschnittstemperatur liegt im Winter bei 19 °C und im Sommer bei 26 °C. Die Wassertemperaturen schwanken zwischen 19 °C im Januar und 24 °C im September. Am meisten Regen fällt im Norden; dort gibt es auch hin und wieder Schnee in den Bergen sowie *mar de nubes* (»Wolkenmeer«), tief liegende Wolken, die vom Passat herangeblasen werden, und *panza de burro* (»Eselsbauch«), einen grauen Dunstschleier, der im Sommer für starke Hitze sorgt. Besonders voll ist es im Juli/August, wenn die Spanier Ferien haben. Die ruhigsten Monate sind Mai, Juni, September und Oktober.

In Deutschland
Spanisches Fremdenverkehrsamt
Kurfürstendamm 63
10707 Berlin
☎ (030) 882 65 43
E-Mail: berlin@tourspain.de

In Österreich
Spanisches Fremdenverkehrsamt
Walfischgasse 8
A-1010 Wien
☎ (01) 512 95 80
E-Mail: viena@tourspain.es

In der Schweiz
Spanisches Fremdenverkehrsamt
Seefeldstraße 19
CH-8008 Zürich
☎ (044) 253 60 50
E-Mail: zurich@tourspain.es

ANREISE

Mit dem Flugzeug

Europäische Flughäfen bieten das ganze Jahr über Charterflüge auf die Kanaren an. Die meisten Plätze sind für Pauschaltouristen reserviert, aber über Reiseanbieter im Internet bekommt man auch reine Flugtickets. Nachteil für Individualreisende: Der Rückflug findet unverrückbar nach sieben oder 14 Tagen statt.

Die spanische Fluglinie **Iberia** fliegt regelmäßig mit einer Zwischenlandung in Spanien nach Lanzarote, entsprechend zeitaufwändig und teuer ist ein solcher Flug.

Flugzeit: ab Frankfurt 4–5 Stunden.

Falls Sie nach Lanzarote wollen, aber nur einen günstigen Flug nach Fuerteventura bekommen, können Sie von Corralejo aus mit der Fähre nach Puerto del Carmen oder Playa Blanca übersetzen.

Auf den Kanaren unterwegs

Binter Canarias (www.binternet.com) fliegt täglich zwischen Lanzarote und den anderen Kanarischen Inseln.

Nach Corralejo (auf Fuerteventura) fährt regelmäßig eine **Fähre** von Playa Blanca aus (► 40); **Fred Olsen** betreibt den *Bocayna-Express*-Katamaran (Tel. 902 100 107, www.fredolsen.es); für **Naviera Armas** fährt *Volcán de Tindaya* (Tel. 902 456 500, www.navieraarmas.com); zwischen Puerto del Carmen und Corralejo verkehren **Princess Ico** und **Motobarcos Arosa** (*Princesa Ico Fuerteventura Express*, Tel. 928 514 322, 629 731 293, www.princesa-ico.com).

Regelmäßige Fähren zu anderen Zielen: Trasmediterránea (www.trasmediterranea.es) und Naviera Armas verbinden Arrecife mit Puerto de Rosario auf Fuerteventura und Las Palmas auf Gran Canaria, Naviera Armas fährt außerdem Teneriffa und La Palma an. **Lineas Romero** fahren von Orzola nach La Graciosa (Tel. 928 842 055, www.lineares-romeo.com).

ZEIT

Anders als im übrigen Spanien gilt auf den Kanaren nicht die Mittel-, sondern die Westeuropäische Zeit (WEZ oder GMT, Greenwich Mean Time: MEZ minus eine Stunde). Am letzten Sonntag im März werden bis zum letzten Sonntag im Oktober die Uhren eine Stunde vor auf Sommerzeit gestellt.

WÄHRUNG

Währung: Wie im übrigen Spanien ist der **Euro** auf den Kanaren offizielles Zahlungsmittel.
Kreditkarten: In den Urlaubsorten werden die bekannten Kreditkarten weitestgehend akzeptiert, anderswo aber sollten Sie sich nicht darauf verlassen.
Geldwechsel: Banken bieten normalerweise die besten Wechselkurse für ausländische Währungen und Reiseschecks; Letztere können Sie auch in Reisebüros, Wechselbüros oder Hotels einlösen, sofern Sie Ihren Personalausweis/Reisepass vorlegen. An Geldautomaten kann man mit Kredit- oder EC-Karte (PIN-Nummer nicht vergessen!) Bargeld abheben; beachten Sie aber die teilweise sehr hohen Gebühren.

ZEITUNTERSCHIED

GMT	Lanzarote	Madrid	Berlin	New York
12 Uhr	12 Uhr	13 Uhr	13 Uhr	7 Uhr

DAS WICHTIGSTE VOR ORT

KONFEKTIONSGRÖSSEN

Spanien	Deutschland	
46	46	Anzüge
48	48	Anzüge
50	50	Anzüge
52	52	Anzüge
54	54	Anzüge
56	56	Anzüge
8	41	Schuhe (Herren)
8.5	42	Schuhe (Herren)
9.5	43	Schuhe (Herren)
10.5	44	Schuhe (Herren)
11.5	45	Schuhe (Herren)
12	46	Schuhe (Herren)
37	37	Hemden
38	38	Hemden
39/40	39/40	Hemden
41	41	Hemden
42	42	Hemden
43	43	Hemden
34	34	Damenbekleidung
36	36	Damenbekleidung
38	38	Damenbekleidung
40	40	Damenbekleidung
42	42	Damenbekleidung
44	44	Damenbekleidung
6	38	Schuhe (Damen)
6.5	38	Schuhe (Damen)
7	39	Schuhe (Damen)
7.5	39	Schuhe (Damen)
8	40	Schuhe (Damen)
8.5	41	Schuhe (Damen)

FEIERTAGE

1. Januar	Neujahr
6. Januar	Dreikönigsfest
2. Februar	Mariä Lichtmess
19. März	Tag des hl. Josef
März/April	Karfreitag bis Ostermontag
1. Mai	Tag der Arbeit
30. Mai	Tag der Kanaren
Mai/Juni	Christi Himmelfahrt
25. Juli	Tag des hl. Jakob
15. August	Mariä Himmelfahrt
12. Oktober	Kolumbustag
1. November	Allerheiligen
6. Dezember	Verfassungstag
8. Dezember	Fest der Unbefleckten Empfängnis
25. Dezember	Weihnachten

ÖFFNUNGSZEITEN

Geschäfte
Behörden
Banken
Postämter
Museen
Apotheken

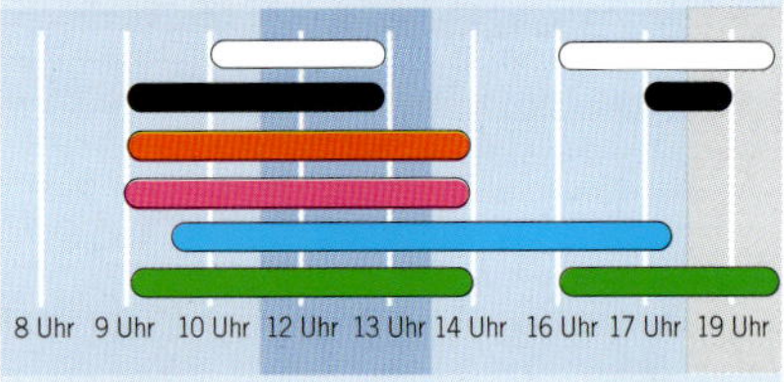

tagsüber mittags abends

Geschäfte in Ferienorten sind häufig ganztägig geöffnet. Die meisten Geschäfte sind sonntags geschlossen.
Banken sind sonntags geschlossen.
Restaurants in größeren Urlaubsorten sind meist von etwa 10 Uhr bis Mitternacht geöffnet.
Museen und Sehenswürdigkeiten sind meistens von Dienstag bis Freitag sowie Sonntag von 9.30 bis 17.30 Uhr zugänglich.

POLIZEI / FEUERWEHR / KRANKENWAGEN: 112

SICHERHEIT

Kriminalität ist auf Lanzarote kein großes Problem. Bestohlen werden Sie höchstens von anderen Touristen. Verstauen Sie Ihre Sachen unsichtbar im Kofferraum, wenn Sie Ihren Wagen stehen lassen. In Ferienwohnungen verschließen Sie alle Türen und Fenster, ehe Sie gehen.

Im Notfall rufen Sie unter Tel. 112 die Polizei an.

Polizei:
112 von jedem Telefon

TELEFONIEREN

Am günstigsten telefonieren Sie in einem *locutorío*; es gibt sie überall auf der Insel, in Einkaufszentren und sogar in Lebensmittel- oder Souvenirläden. Sie bekommen dort eine Kabine zugewiesen, abgerechnet wird nach dem Gespräch. Die Tarife sind wirklich gut: Ein 20-Minuten-Telefonat nach Deutschland kostet am Abend nur ein paar Euro.

An vielen Straßenecken stehen öffentliche Fernsprecher mit Anleitungen in mehreren Sprachen. Die meisten funktionieren mit Münzen oder Karten *(tarjetas telefónicas)*, die vielerorts erhältlich, wenn auch nicht immer vorrätig sind. Günstigste Zeit für internationale Gespräche: 22-8 Uhr und sonntags.

Internationale Vorwahlnummern:

Deutschland:	**00 49**
Österreich:	**00 43**
Schweiz:	**00 41**
Spanien:	**00 34**

POST

Die gelben Briefkästen haben häufig einen Schlitz mit dem Hinweis *extranjeros* für Sendungen ins Ausland. Briefmarken *(sellos)* gibt es in Postämtern, Hotels, Kiosken, Tabakläden und einigen Postkartenläden.

Eine Postkarte nach Nordeuropa benötigt in der Regel sieben bis zehn Tage.

ELEKTRIZITÄT

Die Stromspannung auf den Kanaren beträgt 220 Volt. In die Steckdosen passen übliche Euro-Stecker mit zwei runden Kontaktstiften.

TRINKGELD

Trinkgeld wird nicht grundsätzlich für alle Dienstleistungen erwartet. Als Faustregel gilt:

Restaurants	5–10 %
Cafés/Bars	nach Ermessen
Stadtführer	nach Ermessen
Taxifahrer	10 %
Friseur	10 %
Hotelpersonal	10 %
Toiletten	nach Ermessen

BOTSCHAFTEN und KONSULATE

Deutschland	Österreich	Schweiz
☎ 928 49 18 80	☎ 928 76 25 00	☎ 928 15 79 79

GESUNDHEIT

Krankenversicherung: Mit dem Auslandsbetreuungsschein Ihrer Krankenkasse werden Sie als EU-Bürger in der Regel kostenlos behandelt. Dennoch empfiehlt sich eine Reisekrankenversicherung, die für die Bürger der meisten anderen Länder ohnehin erforderlich ist.

Zahnarzt: Zahnärztliche Behandlung ist generell zu bezahlen. Reisekrankenversicherungen übernehmen die Kosten.

Wetter: Die sonnigsten und heißesten Monate sind Juli und August mit Tagesdurchschnittstemperaturen von 26 bis 28 °C. Meiden Sie die Mittagshitze, trinken Sie viel (ohne Alkohol), und benutzen Sie Sunblocker mit hohem Lichtschutzfaktor. Kinder brauchen besonderen Sonnenschutz, vor allem am Strand, wo Wasser und Sand die Sonnenstrahlen reflektieren.

Medikamente: Verschreibungspflichtige und rezeptfreie Medikamente sind in Apotheken erhältlich, die am grünen Kreuz zu erkennen sind. Außerhalb der Öffnungszeiten finden Sie meist an der Tür einen Hinweis auf die nächstgelegene Apotheke mit Notdienst.

Trinkwasser: Leitungswasser ist trinkbar, enthält aber Restmengen Salz. Mineralwasser ist überall erhältlich und besonders günstig, wenn Sie es im 5-Liter-Kanister im Supermarkt kaufen.

ERMÄSSIGUNGEN

Studenten: Die Kanaren ziehen kaum junge Rucksacktouristen an, und es gibt praktisch keine Ermäßigungen für Jugendliche oder Studenten. Auch Jugendherbergen sucht man vergeblich. An den Papagayo-Stränden und auf La Graciosa gibt es je einen einfachen Campingplatz.

Senioren: Lanzarote ist gerade bei Älteren sehr beliebt, vor allem im Winter wegen des milden Klimas. Manche Hotels und Apartmentanlagen bieten Nachlässe für längere Aufenthalte an. Die besten Angebote erhalten Sie über Reiseveranstalter, die sich auf Seniorenreisen spezialisiert haben.

EINRICHTUNGEN FÜR BEHINDERTE

Alle modernen Gebäude in Spanien müssen rollstuhlgerecht ausgestattet sein, doch viele ältere Hotels und öffentliche Einrichtungen sind mit dem Rollstuhl kaum zugänglich. Manche Busse verfügen über absenkbare Türen. Klären Sie Ihre speziellen Bedürfnisse vorab mit Ihrem Reiseveranstalter oder Hotel.

KINDER

Hotels und Restaurants sind im Allgemeinen kinderfreundlich. Viele Hotels verfügen über einen Spielplatz, einen Park, eine Minigolfanlage und Kinderbecken. Einige Reiseveranstalter bieten spezielle Familienpakete an. Wickelräume sind selten.

TOILETTEN

There are public lavatories in shopping centres and at some larger beaches. Other useful standbys are museums and bars.

ZOLL

Die Einfuhr von Produkten, die aus seltenen oder bedrohten Arten gewonnen wurden, ist im Allgemeinen verboten oder erfordert eine Sondergenehmigung. Informieren Sie sich vor dem Kauf.

Sprachführer

IMMER ZU GEBRAUCHEN

Ja/nein **Sí/no**
Bitte **Por favor**
Danke **Gracias**
Keine Ursache/gern geschehen **De nada**
Hallo **Hola**
Auf Wiedersehen **Adiós**
Guten Morgen **Buenos días**
Guten Tag (nach 12 Uhr) **Buenas tardes**
Guten Abend **Buenas noches**
Wie geht's? **¿Qué tal?**
Wie viel kostet das? **¿Cuánto vale?**
Tut mir Leid **Lo siento**
Verzeihung **Perdone**
Ich würde gern... **Me gustaría...**
Geöffnet **Abierto**
Geschlossen **Cerrado**

Heute **Hoy**
Morgen **Mañana**
Gestern **Ayer**
Montag **Lunes**
Dienstag **Martes**
Mittwoch **Miércoles**
Donnerstag **Jueves**
Freitag **Viernes**
Samstag **Sábado**
Sonntag **Domingo**

NACH DEM WEG FRAGEN

Ich habe mich verlaufen **Me he perdido**
Wo ist...? **¿Dónde está...?**
Wie komme ich...? **¿Cómo se va...?**
zur Bank **al banco**
zur Post **a la oficina de correos**
zum Bahnhof **a la estación de trenes**
Wo sind die Toiletten? **¿Dónde están los servicios?**
Links **a la izquierda**
Rechts **a la derecha**
Geradeaus **todo recto**
An der Ecke **en la esquina**
An der Ampel **en el semáforo**
An der Kreuzung **en la intersección**

IM NOTFALL

Hilfe! **¡Socorro!/¡Ayuda!**
Könnten Sie mir bitte helfen? **¿Podría ayudarme, por favor?**
Sprechen Sie deutsch? **¿Habla alemán?**
Ich verstehe (Sie) nicht **No entiendo**
Ich spreche nicht Spanisch **No hablo español**
Könnten Sie bitte einen Arzt rufen? **¿Podría llamar a un médico, por favor?**

ÜBERNACHTEN

Haben Sie ein Einzel-/Doppelzimmer? **¿Le queda alguna habitación individual/doble?**
mit/ohne Bad/WC/Dusche **con/sin baño propio/lavabo propio/ducha propia**
Ist das Frühstück inbegriffen? **¿Incluye desayuno?**
Kann ich mir das Zimmer ansehen? **¿Puedo ver la habitación?**
Ich nehme das Zimmer **Me quedo con esta habitación**
Den Schlüssel von Zimmer..., bitte **La llave de la habitación..., por favor**
Danke für Ihre Gastfreundschaft **Muchas gracias por su hospitalidad**

ZAHLEN

1	**uno**	11	**once**	21	**veintiuno**	200	**doscientos**
2	**dos**	12	**doce**	22	**veintidós**	300	**trescientos**
3	**tres**	13	**trece**	30	**treinta**	400	**cuatrocientos**
4	**cuatro**	14	**catorce**	40	**cuarenta**	500	**quinientos**
5	**cinco**	15	**quince**	50	**cincuenta**	600	**seiscientos**
6	**seis**	16	**dieciséis**	60	**sesenta**	700	**setecientos**
7	**siete**	17	**diecisiete**	70	**setenta**	800	**ochocientos**
8	**ocho**	18	**dieciocho**	80	**ochenta**	900	**novecientos**
9	**nueve**	19	**diecinueve**	90	**noventa**	1000	**mil**
10	**diez**	20	**veinte**	100	**cien**		

IM RESTAURANT

Ich würde gern einen Tisch reservieren **Quisiera reservar una mesa**
Haben Sie einen Tisch für zwei Personen, bitte? **¿Tienen una mesa para dos personas, por favor?**
Würden Sie uns bitte die Speisekarte bringen? **¿Nos podría traer la carta, por favor?**
Die Rechnung, bitte **La cuenta, por favor**
Bedienung inklusive **Servicio incluido**

Frühstück **el desayuno**
Mittagessen **el almuerzo**
Abendessen **la cena**
Tisch **la mesa**
Kellner/Kellnerin **camarero/camarera**
Vorspeise **las entradas**
Hauptgericht **el plato principal**
Nachspeise **el postre**
Tagesgericht **el plato del día**
Rechnung **la cuenta**

SPEISENKARTE

aceituna Olive
ajo Knoblauch
alcachofa Artischocke
almejas Muscheln
almendras Mandeln
anguila Aal
arroz Reis
atún/bonito Tunfisch

bacalao Kabeljau
berenjena Aubergine
biftec Steak
bocadillo Sandwich
boquerones Sardellen

calamares Tintenfisch
caldo Fleischbrühe
callos Kutteln
cangrejo Krebs
cebolla Zwiebel
cerdo Schweinefleisch
cerezas Kirschen
cerveza Bier
champiñones Champignons
chorizo gewürztes Würstchen
chuleta Kotelett
churros Brandteiggebäck
ciruela Pflaume
cochinillo asado Jungschweinbraten
codorniz Wachtel
conejo Kaninchen
cordero Lamm
crema Sahne
criadillas Bries
crudo roh

endibia Chicorée
ensalada (mixta) gemischter Salat
ensaladilla rusa russischer Salat
espárragos Spargel
espinaca Spinat

fideos Nudeln
filete Filet
flan Pudding
frambuesa Himbeere
fresa Erdbeere
fruta (de temporada) Obst (der Saison)

galleta Keks
gambas Shrimps
garbanzos Kichererbsen
gazpacho andaluz Gazpacho (kalte Gemüsesuppe)
grosellas rote/schwarze Johannisbeeren
guisantes Erbsen

habas dicke Bohnen
helado Eis
hígado de oca Gänseleber
huevos fritos/revueltos Spiegelei/Rührei

jamón Schinken
judías verdes grüne Bohnen
jugo Obstsaft

langosta Hummer
langostino Languste
leche Milch
lechuga Kopfsalat
legumbres Gemüse
lengua Zunge
lenguado Seezunge
liebre Hase
lomo de cerdo Schweinelende

manzana Apfel
mariscos Meeresfrüchte
mejillones Miesmuscheln
melocotón Pfirsich
melón Melone
merluza Seehecht
mero Seebarsch
morcilla Blutwurst

pan Brot
panceta durchwachsener Speck
pato Ente
pepino Gurke
pepinillo Essiggurke
pera Birne
perdiz Rebhuhn
perejil Petersilie
pez espada Schwertfisch
pescado Fisch
pimientos Paprika
piña Ananas
plátano Banane
pollo Huhn
puerro Lauch/Porree
pulpo Tintenfisch

queso Käse

rape Seeteufel
riñones Nieren
rodaballo Steinbutt

salchicha Würstchen
salchichón Hartwurst
salmón Lachs
salmonete Meerbarbe
solomillo Lende
sopa Suppe

tortilla española Omelette mit Kartoffeln
tortilla francesa Omelette natur
trucha Forelle

verduras grünes Gemüse

zanahorias Karotten

Reiseatlas

Kapiteleinteilung:
siehe Übersichtskarte auf
den Umschlagsinnenseiten

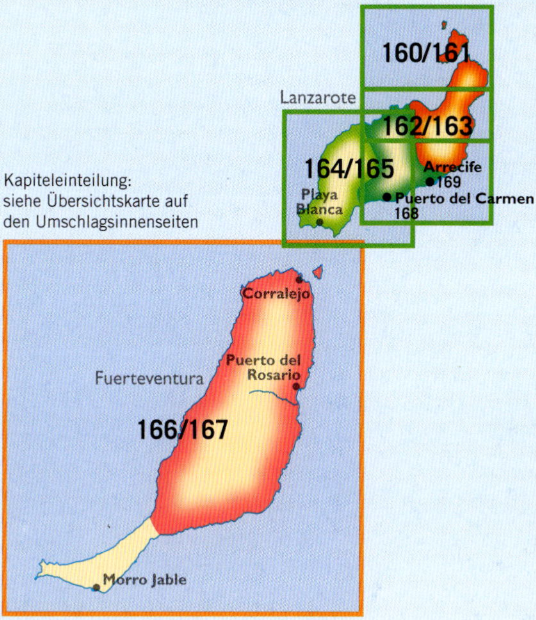

Reiseatlas

- Hauptstrecke
- Autobahn
- Hauptstraße
- Nebenstraße
- Fähre
- National/Regionalpark
- Stadtgebiet
- Große Stadt
- Stadt
- Dorf
- Kleines Dorf
- Sehenswürdigkeit (im Text)
- Sehenswürdigkeit
- Flughafen

160-165 0 1 2 3 km

166/167 0 2 4 6 8 10 km

Cityplan

- Hauptstraße
- Nebenstraße
- Park
- Wichtige Gebäude
- Sehenswürdigkeit (im Text)
- Information

168 0 100 200 300 400 Meter

169 0 50 100 150 Meter

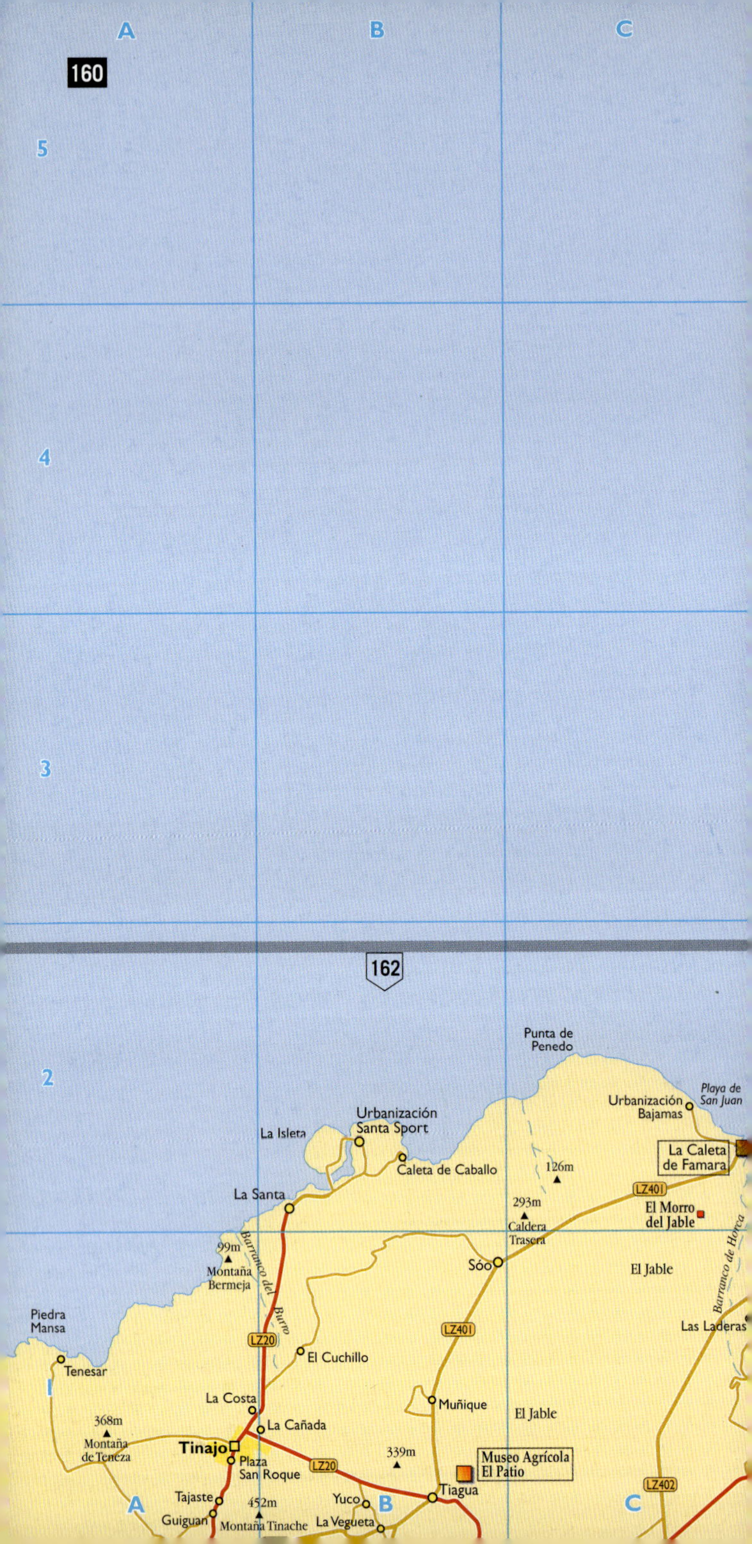
A
B
C
5
4
3
2
162
Punta de Penedo
Urbanización Bajamas
Playa de San Juan
La Caleta de Famara
Urbanización Santa Sport
La Isleta
Caleta de Caballo
126m
La Santa
LZ401
293m
Caldera Trasera
El Morro del Jable
99m
Montaña Bermeja
Barranco del Burro
Sóo
El Jable
Barranco de Horca
Piedra Mansa
LZ20
LZ401
Las Laderas
Tenesar
El Cuchillo
La Costa
Muñique
368m
Montaña de Teneza
La Cañada
El Jable
Tinajo
Plaza San Roque
LZ20
339m
Museo Agrícola El Patio
Tajaste
452m
Yuco
Tiagua
LZ402
Guiguan
Montaña Tinache
La Vegueta

D
E
F
Roque del Infierno
Isla de Montaña Clara
254m
Montaña Clara
El Río de Montaña Clara
Punta Gorda
Playa Lambra
Playa de las Conchas
152m
Montaña Bermeja
Isla la Graciosa
Punta de Pedro Barba o de la Sonda
Pedro Barba
Caleta de Pedro Barba
266m
Montaña Pedro Barba
Punta del Bajío
189m
Montaña del Mojón
Caleta del Burro
Punta Fariones
Caleta del Sebo
Caleta del Puerto de la Sociedad
Playa de la Cantería
Orzola
174m
Bahía del Salado
El Río
Playa de la Cocina
Playa Francesa
Salinas del Río
482m
Mirador del Río
Caletón Blanco
Playa del Risco
LZ202
LZ1
Las Tabaibitas
Malpaís de la Corona
El Risco de Famara
213m
La Quamada de Orzola
Punta Prieta
Ye
Casas la Breña
La Caleta
La Bahía
LZ203
605m
Monte Corona
Guinate Tropical Park
Guinate
581m
LZ201
LZ201
Caleta del Guincho
Cueva de los Verdes
Caleta de las Aulagas
Máguez
Malpaís de Máguez
Jameos del Agua
LZ205
163
LZ1
Haría
Barranco la Negra
Playa la Seba
Punta Mujeres
LZ10
583m
Montaña Ganada
Las Bajas
Caleta del Campo
Mirador de Haría
Barranco del Chafarís
Arrieta
Bahía de Penedo
Los Helechos
LZ206
Tabayesco
Playa de la Garita
Playa de Famara
El Risco de Famara
672m
Peñas del Chache
Barranco Valle del Palomo
Playa Marina
Urbanización Famara
La Hoya de la Abubilla
Ermita de las Nieves
LZ1
Punta de la Pared
Barranco de Tenegüime
Mala Abajo
LZ402
LZ10
Mala
Punta Pasito
Parque Eólico
Playa del Seifío
Charco del Palo
Los Valles
Jardín de Cactus
Guatiza
LZ405
El Mojon
Barranco de las Piletas
358m
Montaña de Guenia
Urbanización Los Cocoteros
El Majuelo
LZ10
319m
Montaña Tinamala
Teguise
LZ404
Teseguite
Castillo de Santa Barbara
LZ1
Playa del Tío Joaquin
Playa de la Tía Vicenta
5
4
3
2
1

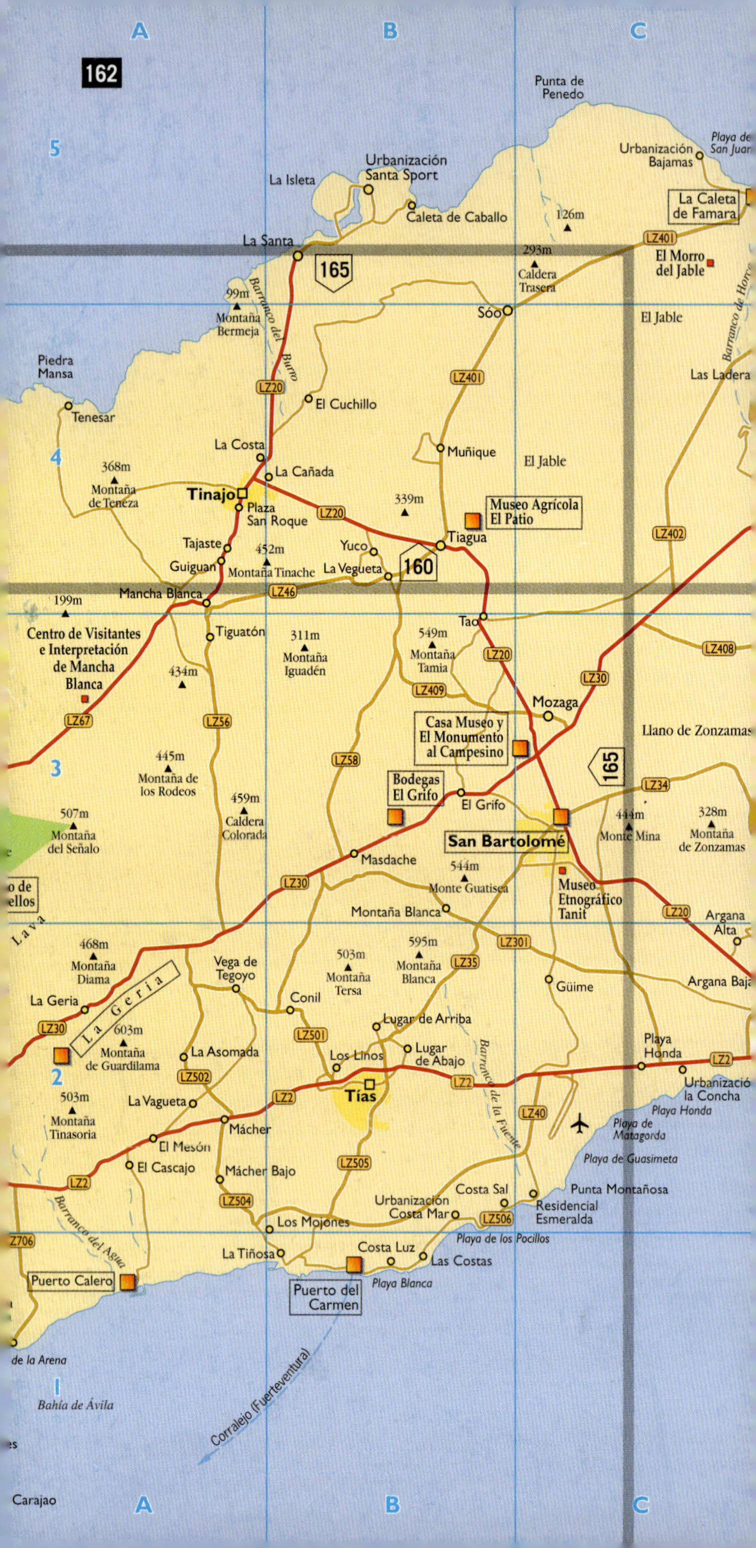
A
B
C
5
4
3
2
1
Punta de Penedo
Playa de San Juan
Urbanización Bajamas
Urbanización Santa Sport
La Isleta
Caleta de Caballo
La Caleta de Famara
126m
LZ401
El Morro del Jable
293m
Caldera Trasera
La Santa
165
99m
Montaña Bermeja
Barranco del Burro
Sóo
El Jable
Barranco de Horno
Piedra Mansa
Las Laderas
LZ401
LZ20
El Cuchillo
Tenesar
Muñique
El Jable
La Costa
368m
Montaña de Teneza
La Cañada
Tinajo
Plaza San Roque
LZ20
339m
Museo Agrícola El Patio
Tiagua
LZ402
Tajaste
452m
Yuco
Guiguan
Montaña Tinache
La Vegueta
160
199m
Mancha Blanca
LZ46
Tao
Centro de Visitantes e Interpretación de Mancha Blanca
Tiguatón
311m
Montaña Iguadén
549m
Montaña Tamia
LZ20
LZ408
434m
LZ30
LZ409
Mozaga
LZ67
LZ56
Casa Museo y El Monumento al Campesino
Llano de Zonzamas
445m
Montaña de los Rodeos
LZ58
165
Bodegas El Grifo
El Grifo
LZ34
507m
Montaña del Señalo
459m
Caldera Colorada
444m
Monte Mina
328m
Montaña de Zonzamas
San Bartolomé
Masdache
544m
Monte Guatisea
LZ30
Museo Etnográfico Tanit
Montaña Blanca
LZ20
Argana Alta
Lava
468m
Montaña Diama
Vega de Tegoyo
503m
Montaña Tersa
595m
Montaña Blanca
LZ301
LZ35
Güime
Argana Baja
La Geria
La Geria
Conil
Lugar de Arriba
LZ30
603m
Montaña de Guardilama
LZ501
La Asomada
Los Llanos
Lugar de Abajo
Barranco de la Fuente
Playa Honda
LZ2
LZ502
Tías
LZ2
Urbanización la Concha
503m
Montaña Tinasoria
La Vagueta
LZ2
LZ40
Playa Honda
Mácher
Playa de Matagorda
El Mesón
El Cascajo
LZ505
Playa de Guasimeta
LZ2
Mácher Bajo
Punta Montañosa
Barranco del Agua
LZ504
Urbanización Costa Mar
Costa Sal
Residencial Esmeralda
LZ506
Los Mojones
LZ706
Playa de los Pocillos
La Tiñosa
Costa Luz
Las Costas
Puerto Calero
Playa Blanca
Puerto del Carmen
de la Arena
Corralejo (Fuerteventura)
Bahía de Ávila
Carajao
A
B
C

D
E
F
Haría
LZ205
LZ1
Barranco la Negra
Playa la Seba
Punta Mujeres
Las Bajas
583m
Montaña Ganada
LZ10
Caleta del Campo
Mirador de Haría
Barranco del Chafarís
Arrieta
Bahía de Penedo
El Risco de Famara
Los Helechos
LZ206
Tabayesco
Playa de la Garita
5
Playa de Famara
672m
Peñas del Chache
Barranco Valle del Palomo
Playa Marina
La Hoya de la Abubilla
Urbanización Famara
Ermita de las Nieves
LZ402
Punta de la Pared
Mala Abajo
Barranco de Tenegüime
Mala
Punta Pasito
Parque Eólico
Playa del Seifío
Los Valles
Charco del Palo
Jardín de Cactus
Guatiza
LZ405
El Mojon
358m
Montaña de Guenia
Urbanización Los Cocoteros
4
El Majuelo
Teguise
Barranco de las Pileías
319m
Montaña Tinamala
LZ404
Teseguite
Castillo de Santa Barbara
Playa del Tío Joaquin
Playa de la Tia Vicenta
161
Ensenada del Banco
Urbanización Oasis de Nazaret
Nazaret
Barranco Mulión
Ensenada de los Barranquillos
Las Cabreras
302m
Montaña Ubigue
229m
Cerro Hurón
Urbanización Cuidad Jardin
Tahiche
321m
Montaña Tahiche
Ensenada de la Gorrina
3
LZ34
Parque Acuático
Playa de los Charcos
Fundación César Manrique
Urbanización Costa Teguise
Costa Teguise
Playa Bastian
LZ18
Ensenada de las Mármoles
LZ3
Santa Coloma
LZ101
Castillo de San José
San Francisco Javier
La Vega
ARRECIFE
Castillo de San Gabriel
2
1

A
B
C
5
4
3
2
1
Playa de la Madera
142m Montaña Bermeja
Punta de la Ensenada
Mar de Lava
PARQUE NACIONAL DE TIMANFAYA
103m Montaña de Halcones
Montañas del Fuego de Timanfaya
396m
Playa del Paso
373m Montaña Rajada
329m Montaña Tremesana
El Golfo
Playa de los Clicos
Charco de los Clicos
Punta de Puerto Remedio
LZ702
246m Pico Redondo
112m Montaña Bermeja
Playa de Montaña Bermeja
LZ704
LZ2
Yaiza
Los Hervideros
439m Montaña de la Cinta
Salinas de Janubio
LZ701
Punta del Marqués
La Hoya
Valle de Fenauso
Playa de Janubio
Laguna de Janubio
La Degollada
Las Breñas
LZ702
609m Atalaya de Femés
Caletón del Rijo
LZ702
Femés
Valle de Femés
Punta de Piedra Alta
561m
Los Ajaches
LZ701
El Rubicón
LZ2
Punta Gorda
Costa de Rubicón
Punta Ginés
561m Hacha Grande
Caleta Negra
288m Montaña de Breña Estesa
145m Montaña Roja
Urbanización Montaña Baja
Playa Blanca
Urbanización Campana Beach
Las Coloradas
Montaña Roja
Playa Flamingo
Playa Dorada
Punta Limones
Punta Pechiguera
Corralejo (Fuerteventura)
Playa de las Coloradas
Playa Mujeres
Playa del Pozo
Caleta Larga
Puerto Muelas
Playa de la Cera
Playas de Papagayo
Caleta del Congrio
Punta del Papagayo

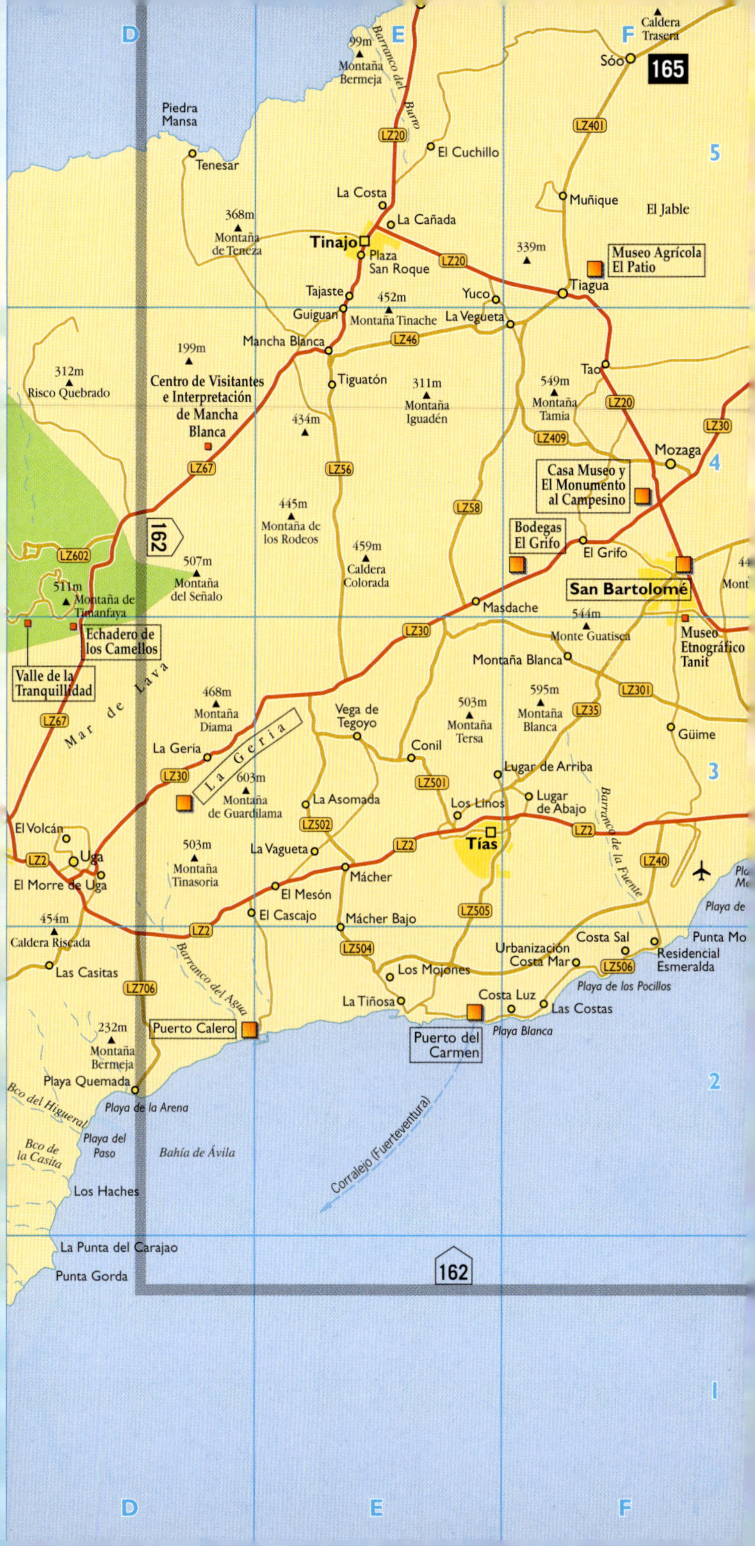

D
E
F
165
Caldera Trasera
Sóo
99m
Montaña Bermeja
Barranco del Burro
Piedra Mansa
LZ20
LZ401
5
El Cuchillo
Tenesar
La Costa
Muñique
El Jable
368m
Montaña de Teneza
La Cañada
Tinajo
Plaza San Roque
339m
Museo Agrícola El Patio
Tiagua
Tajaste
452m
Yuco
Guiguan
Montaña Tinache
La Vegueta
Mancha Blanca
LZ46
199m
Tao
312m
Risco Quebrado
Centro de Visitantes e Interpretación de Mancha Blanca
Tiguatón
311m
Montaña Iguadén
549m
Montaña Tamia
LZ30
434m
LZ409
Mozaga
4
LZ67
LZ56
Casa Museo y El Monumento al Campesino
445m
Montaña de los Rodeos
LZ58
162
Bodegas El Grifo
El Grifo
LZ602
459m
Caldera Colorada
507m
Montaña del Señalo
511m
Montaña de Timanfaya
San Bartolomé
Masdache
544m
Monte Guatisea
Echadero de los Camellos
LZ30
Museo Etnográfico Tanit
Valle de la Tranquilidad
Montaña Blanca
Mar de Lava
LZ301
468m
Montaña Diama
595m
Montaña Blanca
LZ35
LZ67
Vega de Tegoyo
503m
Montaña Tersa
Güime
La Geria
La Geria
Conil
3
Lugar de Arriba
LZ30
603m
Montaña de Guardilama
LZ501
Lugar de Abajo
La Asomada
Los Linos
Barranco de la Fuente
El Volcán
LZ502
Tías
LZ2
503m
La Vagueta
LZ2
LZ40
LZ2
Uga
Montaña Tinasoria
El Morre de Uga
Mácher
El Mesón
Playa de
LZ505
El Cascajo
Mácher Bajo
454m
Caldera Riscada
LZ2
Costa Sal
Punta Mo
Barranco del Agua
LZ504
Urbanización Costa Mar
Residencial Esmeralda
LZ506
Las Casitas
Los Mojones
Playa de los Pocillos
LZ706
Costa Luz
La Tiñosa
Las Costas
232m
Puerto Calero
Montaña Bermeja
Playa Blanca
Puerto del Carmen
2
Playa Quemada
Bco del Higueral
Playa de la Arena
Playa del Paso
Bco de la Casita
Bahía de Ávila
Corralejo (Fuerteventura)
Los Haches
La Punta del Carajao
Punta Gorda
162
1
D
E
F

Fuerteventura

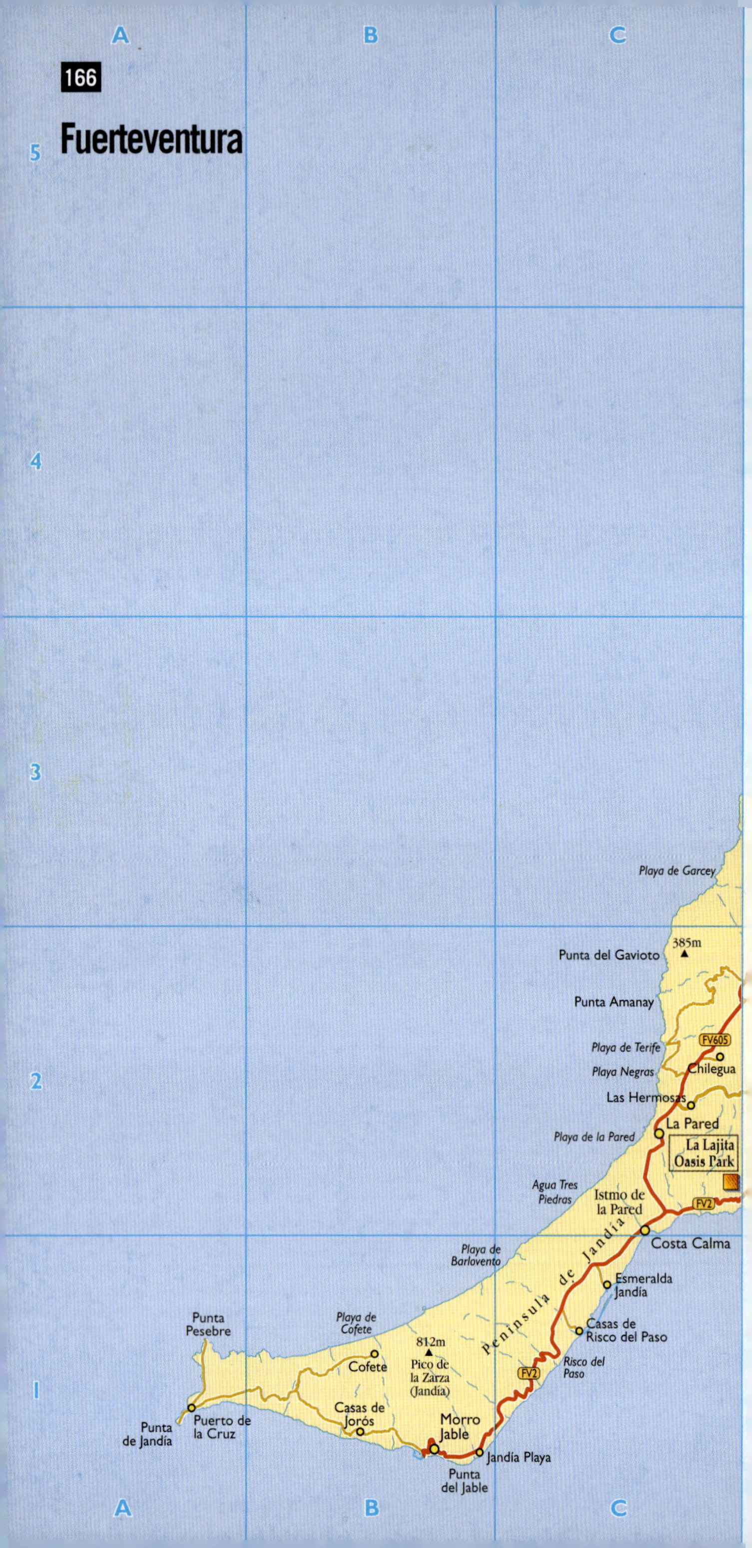

D
E
F
Lanzarote
Isla de Lobos
Parque Natural del Islote de Lobos
El Puertito
Punta Gorda
Punta de los Lavaderos
Corralejo
Punta Blanca
Majanicho
Flag Beach
271m
Volcan de Bayuyo
Punta de Tostón o de la Ballena
FV101
El Cotillo
FV10
Lajares
Parque Natural de las Dunas de Corralejo
Playa del Moro
309m
Montaña de la Blanca
FV1
Villaverde
Punta de Paso Chico
Montaña Tindaya 399m
La Oliva
Casas del Jablito
Playa de Tebeto
Tindaya
Caldereta
Casas de las Llanadas
La Matilla
Guisguey
Cabo del Agua
Los Molinos
FV207
Puerto Lajas
Tefía
Tetir
Ecomuseo de La Alcogida
326m
Arrecife (Lanzarote)
Casillas del Ángel
FV20
PUERTO DEL ROSARIO
Playa del Valle
Llanos de la Concepción
Llano Pelado
Los Pozos
Valle de Santa Inés
La Ampuyenta
FV30
El Matorral
419m
Montaña Aceituno
Centro de Artesanía Molino
Triquivijate
Betancuria
Antigua
FV2
Ajuy
Vega de Río Palmas
417m
Buenavista
Caleta de Fuste
Las Palmas (Gran Canaria)
Valles de Ortega
708m
Gran Montaña
Casillas de Morales
Salinas del Carmen
Pájara
497m
Agudo
Tiscamanita
608m
Carbón
Casas de Pozo Negro
FV605
Tuineje
Malpaís Grande
Playa Pozo Negro
Las Casitas
Fayagua
435m
Caldera de Jacomar
Tesejerague
Teguital
Punta de las Borriquilas
Cardon
345m
FV512
FV4
467m
Las Playitas
Punta Entallada
Giniginámar
Gran Tarajal
Tarajalejo
La Lajita
5
4
3
2
1

Puerto del Carmen
A
B
C
D
E
3
2
1
Macher
Tias
Arrecife
LZ505
LZ40
LOS MOJONES
LAS PALMERAS
Llano Cortijo de los Caserones
LA TIÑOSA
EL DORADO
PLAYA BLANCA
COSTA LUZ
Nuestra Señoras del Carmen
Centro Civico
Hotel Los Fariones
CALLE DE LA REINA SOFIA
CALLE DEL LOS VOLCANES
CALLE SALINAS
C SALINAS
LOS AFRECHOS
C ROQUE NUBLO
C QUESERA
CALLE DE JUAN CARLOS I
C TIMANFAYA
C BAJANMAR
C ALEGRANZA
C ROQUE DEL ESTE
C TINGUATÓN
C BERNEGAL
CALLE DE TOGIO
CALLE DE ACHAGUA
C GARAJONAY
CALLE DE PRINCESA ICO
CALLE DE CESAR MANRIQUE
CALLE DEL AZUELO
CALLE DE IRLANDA
CALLE DEL TIMÓN
CALLE DEL REMO
CALLE DE PEDRO BARBA
AVENIDA DE ITALIA
CALLE DE FRANCIA
CALLE DE NORUEGA
C YUGOSLAVIA
CALLE DE SUECIA
CALLE DE ALEMANIA
AVENIDA DE LAS PLAYAS
Playa La Berilla
Punta Tinosa
Playa Blanca
Punta de Playa Blanca
Punta el Barranquillo
Playa de los Pocillos
i

Arrecife
169
LA DESTILA
CHARCO
CASCO ANTIGUO
Charco de San Ginés
Puerto de Naos
Isla del Francés
Playa del Reducto
Escuelas de Náutica y Pesca
Hiper Dino/ CC Atlántico
Iglesia de San Ginés
Mercado
Casa de los Arroyos
Casa de la Cultura Agustín de la Hoz
Centro Insular de Cultura
Hotel Lancelot
Gran Hotel
Puente de Bolas
Islote de San Gabriel
Castillo de San Gabriel
Plaza de las Palmas
Plaza de la Constitución
Calle de León y Castillo
Calle de Fajardo
Calle José Antonio Primo Rivera
Avenida Olof Palme
Juan de Quesada
Trece Septiembre
Paz Pereza
Galicia
La Coruña
Calle Jacinto Borges Diaz
Avenida César Manrique
Calle Gran Canaria
Cienfuegos
Trinidad
C E Ley
García de Hita
C Aquilino Fernández
C Liebre
Avenida Coll
José Molina
A Cabrera Tavia
Ramón Franco
Figuero
M de Unamuno
Miguel P de Rivera
C de Otilia Diaz
Calle Quiroga
Avenida la Marina
Calle José Betancort
C Dr Ruperto Glez Negrín
Calle Coronel Bens
Igualdao
Juan Rejon
C La Porra
Canalejas
C Dieciocho Julio
Eltiburcio
Almir Boado Endeiza
Coronel I VT
Av Dr Rafael Glez Negrín
Av F Olsen
El Greco
Calle Mejico
Peñas del Chache
E D' Ors
El Daute
Rubicón
El Pedro
Cabo Juby
Calle La Inés
Calle Tenerife
Calle de Triana
Calle de Paraguay
Portugal
Calle Argentina
Calle Dr Fleming
Calle Góngora
Calle J Ortega y Gasset
Calle Mejico
A
B
C
D
E
1
2
3

Islas Canarias

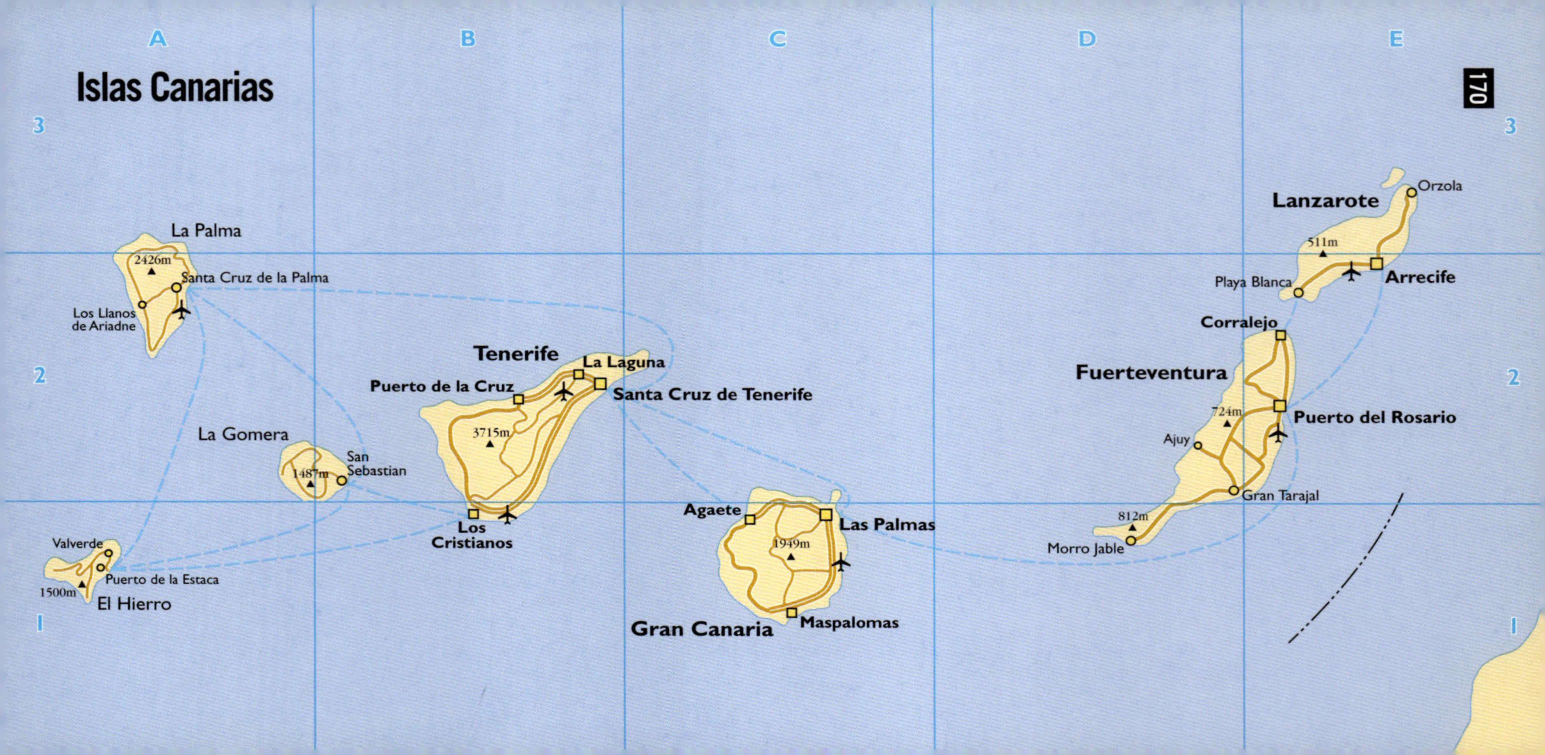

Register

Alegranza 67
Aloe-Vera-Produkte 46
Antigua 129f
Centro de Artesanía Molino 130
Nuestra Señora de Antigua 129
Apartments 43
Apotheken 154, 156
AquaPark 37
Archivo Histórico 141
Arrecife 36, 76, 83ff
Casa de los Arroyos 84
Casa de la Cultura Agustín de la Hoz 135
Castillo de San Gabriel 83f
Castillo de San José 84f, 137
Charco de San Ginés 84, 136
El Almacén 85
Escuelas de Náutica y Pesca 137
Gran Hotel 35f, 85, 92, 134
Iglesia de San Ginés 84
Instituto Marítimo Pesquero de Canarias 137
Muelle Los Mármoles 137
Museo Internacional de Arte Contemporáneo (MIAC) 85
Playa del Reducto 134
Spaziergang 134ff
Arrieta 145, 146
Atalaya de Femés 148
Atlantis 33
Ausgehen 47f
Der Norden 74
Der Süden 116
Lanzarote – Das Inselzentrum 95f

Baku 121, 125
Banken 153, 154
Bars 47
Behinderungen, Reisen mit 156
Benzin 42
Beerdigung der Sardine 30
Betancuria 121, 127f
Casa Santa María 127, 128
Convento de San Buenaventura 128
Iglesia de Santa María 127, 128
Museo Arqueológico y Etnográfico 128
Museo de Arte Sacro 128
Béthencourt, Jean de 13, 15, 67, 127, 148f
Béthencourt, Maciot de 15, 140
Bootsausflüge 20, 38, 96, 116, 119
Bodegas (Weinlokale) 35, 86, 107f, 146, 150
Bodegas El Grifo 86, 108
Bodyboarding 38, 74
Bustour 34, 119

Cabalgata de Los Reyes Magos 30
Cabrera Felipe, Don Blas 84, 135
Caja Canarias 138
Caleta del Congrio 109
Caleta del Sebo 66f
Caletón Blanco 35, 65
Carnaval 29f
Casa de los Arroyos 84
Casa de los Coroneles 129
Casa Cuartel 57, 140
Casa de la Cultura Agustín de la Hoz 135
Casa El Aljibe 36, 71f
Casa del Mayor Guerra 87
Casa Museo y El Monumento al Campesino 86
Casa Santa María 127, 128
Casa Spínola 141
Casa Torres 141
Casa de los Volcanes 9, 34, 38, 60, 61
Casas rurales 43, 76
Castillo de las Coloradas 111
Castillo de San Gabriel 83f
Castillo de San José 84f, 137
Castillo de Santa Bárbara 34, 57f
Castro, Fidel 57
Centro de Arte Canario (CAC) 129
Centro de Artesanía Molino 130
Centro de Visitantes e Interpretación de Mancha Blanca 9, 105, 106
César-Manrique-Haus 36, 54f
Charco Los Clicos 110, 149
Charco de San Ginés 84, 136
Chinijo Archipelago 67
Club La Santa 26, 36, 48
Clubs 47
Convento de San Buenaventura 128
Convento de San Francisco 57, 58
Convento de Santo Domingo 57, 58, 142
Corpus Christi 30f
Corralejo 121, 125f
Baku 125
Flag Beach 126
Parque Natural de Las Dunas 126
Villa Tabaiba Galería de Arte 126
Costa Teguise 64
Cueva de los Verdes 34, 38, 61, 62

Davison, Peter 32f

Echadero de los Camellos 103, 106
Ecomuseo de La Alcogida 129
Einkaufen 45f, 154
Der Norden 73
Der Süden 116
Fuerteventura 120
Lanzarote – Das Inselzentrum 94
El Almacén 85
El Golfo 110, 149
El Morro del Jable 64
Elektrizität 155
Ermäßigungen 156
Ermita de Las Nieves 144
Ermita San Marcial del Rubicón 148
Ermita de la Vera Cruz 140f
Essen und Trinken 16ff, 34f, 44f
Der Norden 68ff
Der Süden 112f
Essenszeiten 44
Fuerteventura 120, 131f
Kaffee 45
Käse 16, 120
Lanzarote – Das Inselzentrum 88f
Speisekarte 158
Spezialitäten 16ff
Sprachführer 158
Tapas 17, 44, 45
Trinkwasser 45, 156
Vegetarische Speisen 19, 45
Weine und Spirituosen 19, 35, 45, 107f
Escuela de Artesanía 141
Escuelas de Náutica y Pesca 137

Fähren 40f, 118, 153
Fallschirmspringen 95
Famara 64, 144
Feiertage 154
Femés 148
Feste, religiöse 30f
Film- und Fernsehkulisse 32f, 103
Fischerei 28, 48, 74, 96, 116, 137
Fischereischule 137
Flag Beach 126
Flughafen und Transfer vom Flughafen
Fuerteventura 118
Lanzarote 40, 153
Folklore 47
Fuerteventura 117ff
An einem Tag 123f
Antigua 129f
Betancuria 121, 127f
Corralejo 121, 125f

Ecomuseo de La Alcogida 129
Einkaufen 120
Essen und Trinken 120, 131f
Exkursionen, geführte 119
Isla de Lobos 120, 126
Karte 122
La Lajita Oasis Park 130
La Oliva 129
Playas de Jandía 119
Reisen 118
Rund um 119ff
Touristeninformation 120
Fundación César Manrique 36, 54f
Fußabdruck 118

Galería de Arte 82
Geld 153
Geldautomaten 153
Geld wechseln 153
Geschenke und Souvenirs 46
Geschichte 13ff
Geschwindigkeits-begrenzung 42
Gesundheit 152, 156
Glasbodenboote 38, 96, 119
Gokart 96
Golf 28, 48
Gran Hotel Arrecife 35f, 85, 92, 134
Guadarfía 15, 140, 149
Guanchen 13ff
Guinate Tropenpark 38

Haría 65, 145
Museo de Arte Sacro 65
Nuestra Señora de la Encarnación 65
Highlights auf einen Blick 34ff
Hubschrauberflüge 20
Hornitos 104, 105
Höhlen
Cueva de los Verdes 34, 38, 61, 62
Fundación César Manrique 36, 54f
Grotten-Tauchen 48
Jameos del Agua 35, 38, 59ff
Hotel Gran Meliá Volcán 111, 115
Hotels 43
Hoteles rurales 43, 76
siehe auch Übernachten
Humboldt, Alexander von 14
Hussein, König 55, 64

Iglesia de Nuestra Señora de la Candelaria 129
Iglesia de Nuestra Señora de Guadalupe 56, 57, 138, 139, 141
Iglesia de San Ginés 84
Iglesia de Santa María 127, 128
Instituto Marítimo Pesquero de Canarias 137
Ironman-Triathlon 26f
Isla la Graciosa 36, 50, 66f
Caleta del Sebo 66f
Pedro Barba 67
Playa de las Conchas 67
Isla de Lobos 120, 126

Jameos 9, 54, 59, 60
Jameos del Agua 35, 38, 59ff
Jardín de Cactus 63, 146
Jetski 20, 95

Käse 16, 120
Kaffee 45
Kakteengarten
Fuerteventura 127, 130
Lanzarote 63
Kajak fahren 74, 116
Kamele 87, 130
Kamelreiten 21f, 103
Kanarisches Fischinstitut 137
Karmin 23, 24, 63
Karneval und Fiesta 29ff, 47
Katamaran-Fahrten 20, 118, 119
Kinder 156
Ausgehen 37f, 65, 87, 111, 130
Essen und Trinken 44
Kite Festival 126
Kitesurfen 28, 74
Klima und Jahreszeit 152
Kochinelle 23f, 63
Konfektionsgrößen 154
Konsulate und Botschaften 156
Kreditkarten 153
Kunsthandwerk 46, 73

La Caleta de Famara 64f
La Geria 98, 107f
La Lajita Oasis Park 130
La Oliva 129
Casa de los Coroneles 129
Centro de Arte Canario (CAC) 129
Iglesia de Nuestra Señora de la Candelaria 129
LagOmar 67f
Landwirtschaft 25
Lanzarote – Das Inselzentrum 75ff
An einem Tag 78f
Arrecife 36, 76, 83f
Ausgehen 95f
Bodegas El Grifo 86
Casa Museo y El Monumento al Campesino 86
Einkaufen 94
Essen und Trinken 88ff
Karte 77
Museo Agrícola El Patio 76, 86f
Puerto Calero 76, 81, 82
Puerto del Carmen 76, 80f
San Bartolomé 76, 86
Übernachten 91ff
Lanzarote Marathon 26
Las Casitas 147
Lava 8f
Los Helechos 144f
Los Hervideros 110, 149
Los Molinos 130
Los Valles 143

Máguez 145
Malocello, Lancelotto 13
Malpaís 9, 103
Malpaís de la Corona 145f
Mancha Blanca 9, 105f
Manrique, César 10ff, 38, 50, 54f, 63, 64, 65f, 67, 85, 86, 103, 130, 137, 143, 145
Marina Rubicón 111
Märkte 47, 73
Medikamente 156
Medizinische Versorgung 156
Menuhin, Yehudi 62
Mietwagen
Fuerteventura 119
Lanzarote 40, 42
Mirador de Haría 145
Mirador del Río 34, 65f, 145
Mirador de los Valles 144
miradores 42
Mittelalterbanquett 95
Montaña Bermeja 110, 149
Montaña Clara 67
Montaña del Cuervo 105
Montañas del Fuego 98, 102ff
Monte Corona 62, 145
Mountainbikes 74
Muelle Los Mármoles 137
Museo Agrícola El Patio 76, 86f
Museo Arqueológico y Etnográfico 128
Museo de Arte Sacro (Betancuria) 128
Museo de Arte Sacro (Haría) 65
Museo de Arte Sacro (Teguise) 142
Museo de Cetáceos de Canarias 82
Museo del Emigrante Canaria 58
Museo Etnográfico Tanit 35, 76, 86
Museo Internacional de Arte Contemporáneo (MIAC) 85
Museum für sakrale Kunst (Betancuria) 128
Museum für sakrale Kunst (Haría) 65
Museum für sakrale Kunst (Teguise) 142
Museumsöffnungszeiten 154
Musik 46, 47, 60, 62

Nachtleben 47
Nazaret 143
Nichols, Thomas 23
Norden, Der 49ff
Ausgehen 74
Costa Teguise 64
Cueva de los Verdes 34, 38, 61, 62
Einkaufen 73
Essen und Trinken 68ff
Fundación César Manrique 36, 54f
Haría 65, 145
In drei Tagen 52f
Isla la Graciosa 36, 50, 66f
Jameos del Agua 35, 38, 59–61
Jardín de Cactus 63, 146
Karte 51
La Caleta de Famara 64f
Mirador del Río 34, 65f, 145
Orzola 66
Teguise 36, 50, 56ff
Touren 143ff
Übernachten 71f
Notfälle 155
Nudistenstrand 109
Nuestra Señora de Antigua 129
Nuestra Señora del Carmen 31
Nuestra Señora de los Dolores 31
Nuestra Señora de la Encarnación 65
Nuestra Señora de los Remedios 111

Öffnungszeiten 46, 154
Olivine 8, 46
Orzola 66

Palacio del Marqués 57, 58, 142
Palacio Spínola 56f, 58, 138
Parken 42
Parque Eólico 144
Parque Nacional de Timanfaya 6ff, 34, 98, 102ff
Centro de Visitantes e Interpretación de Mancha Blanca 105, 106
Echadero de los Camellos 103, 106
Montaña del Cuervo 105
Ruta del Littoral 106
Ruta de los Volcanos 105
Valle de la Tranquillidad 105
Parque Natural de Las Dunas 126
Parque Natural de Recreo Las Pardelas 37–8
Pedro Barba 67
Peñas del Chache 34, 64, 144
Petersen, Wolfgang 33
Playa Blanca 111, 118, 148
Castillo de las Coloradas 111
Hotel Gran Meliá Volcán 111, 115
Marina Rubicón 111
Playa de la Cantería 66
Playa de las Conchas 67
Playa Dorada 111
Playa Grande 81
Playa de Las Cucharas 64
Playa Matagorda 81
Playa Mujeres 109
Playa de los Pocillos 81
Playa del Pozo 109
Playa Quemada 110
Playa del Reducto 134
Playas de Jandía 119
Playas de Papagayo 35, 98, 109
Polizei 155
Post 154, 155
Puerto Calero 76, 81, 82
Galería de Arte 82
Wal- und Delphinmuseum 82
Puerto del Carmen 76, 80f
Playa Grande 81
Playa Matagorda 81
Playa de los Pocillos 81
»The Strip« 35, 80f, 95
Puerto Muelas 109

Rad fahren 22, 74, 96
Ramírez, Pepin 10f
Rancho Texas 38
Regatta 96
Reisen
Mit dem Auto 42
Mit dem Bus 41
Verbindung zu anderen Inseln 40f, 153
siehe auch Fähren
Zu Lande, zu Wasser und in der Luft 20
Reiten 96, 116
Reisepass und Visa 152
Reserva Marina del Archipélago Chinijo 48, 74
Reserva Natural de Los Ajaches 109
Risco de Famara 64, 144
Roque del Infierno 67
Ruta del Littoral 106
Ruta de los Volcanos 105

Salinas de Janubio 24, 98, 110, 149
Salinas del Río 66
Salz 24, 66, 98, 110, 149
San Bartolomé 76, 86
Museo Etnográfico Tanit 35, 76, 86
San Juan 31
Sanddünen 126
Sandskulpturen 125
Schnorcheln 95
Segeln 48, 95f, 116
Selbstversorgerunterkünfte 43
Semana Santa 140
Senioren 156
Sharif, Omar 67
Sicherheit 155
Süden, Der 97ff
Ausgehen 116
Einkaufen 116
Essen und Trinken 112f
El Golfo 110, 149
In zwei Tagen 100f
Karte 99
La Geria 98, 107f
Los Hervideros 110, 149
Parque Nacional de Timanfaya 6ff, 34, 98, 102ff
Playa Blanca 111, 118, 148
Playas de Papagayo 35, 98, 109
Salinas de Janubio 24, 98, 110, 149
Touren 147ff
Übernachten 114f
Yaiza 110, 111, 149
Speisekarte 158
Sprache 157f
Sprachführer 157
Sport und Freizeit 26ff, 47f
Angeln 28, 48, 74, 96, 116
Bodyboarding 38, 74
Bootsausflüge 20, 38, 96, 116, 119
Fallschrimspriingen 95
Gokart 96
Golf 28, 48
Grottentauchen 48
Jetski 20, 95
Kajak fahren 74, 116
Kitesurfing 28, 74
Marathon und Triathlon 26f
Mountainbikes 74
Radfahren 22, 74, 96
Reiten 96, 116
Schnorcheln 95
Segeln 48, 95–6, 116
Surfen 27, 36, 48, 74
Tanzen 95
Tauchen 36, 38, 48, 74, 95, 116
Tennis 48
Wandern 34, 48
Wellenreiten 95, 116
Windsurfen 27, 36, 38, 48, 74, 116
Straßenkarten 42
Strände 35
»The Strip« 35, 80f, 95
Strohhüte 146
Studentenreisen 156
Sonneneinstrahlung 156
Surfen 27, 36, 48, 74

Tahiche 143
Tal der 1000 Palmen 65
Tanzen 95
Tapas 17, 44, 45
Taro de Tahiche 36, 54f
Tauchen 22, 36, 38, 48, 74, 95, 116

Taxis
Fuerteventura 119
Lanzarote 40, 41
Teguise 36, 50, 56ff
Archivo Histórico 141
Caja Canarias 138
Casa Cuartel 57, 140
Casa Spínola 141
Casa Torres 141
Castillo de Santa Bárbara 34, 57f
Convento de San Francisco 57, 58
Convento de Santo Domingo 57, 58, 142
Ermita de la Vera Cruz 140f
Escuela de Artesanía 141
Iglesia de Nuestra Señora de Guadalupe 56, 57, 138, 139, 141
Museo de Arte Sacro 142
Museo del Emigrante Canaria 58
Palacio del Marqués 57, 58, 142
Palacio Spínola 56f, 58, 138
Spaziergang 138ff
Telefon 155
Tennis 48
Teseguite 73, 146
Tierparks
Guinate Tropical Park 38
La Lajita Oasis Park 130
Parque Natural de Recreo Las Pardelas 37–8
Rancho Texas 38
Timanfaya National Park 6ff, 34, 98, 102ff
Timesharing-Werber 36, 42
Toiletten 156
Touristeninformation
Auswärtige Touristeninformation 152f
Fuerteventura 120
Lanzarote 41
Touren 152
Fuerteventura 119f
Lanzarote 42
siehe auch Wanderungen und Touren
Travellerschecks 153
Trinkwasser 45, 156

Übernachten 42f
Der Norden 71f
Der Süden 114f
Lanzarote – Das Inselzentrum 91f
Sprachführer 157
Uga 147, 150
Unterwegs auf Lanzarote 41
Unterwasserboot-Ausflüge 96

Valle de la Tranquillidad 105
Vegetarische Speisen 19, 45
Versicherung 152, 156
Villa Tabaiba Galería de Arte 126
Visual Music, Festival of Lanzarote 60, 62
Volcán de la Corona 62
Vulkanausbrüche 6ff, 61
siehe auch Parque Nacional de Timanfaya

Währung 153
Wandern 34, 48
Wanderungen und Touren
Arrecife 134ff
Der Norden 143ff
Der Süden 147ff
Teguise 138ff
Wellenreiten 95, 116
Wasserpark 125
Websites 152
Welch, Raquel 32, 33
Wildtiere, Zollbestimmungen 156
Windmühlen 87
Windsurfen 27, 36, 38, 48, 74, 116
Weine und Spiritouosen 19, 35, 45, 107f
Wrestling 47

Yachten chartern 20
Yaiza 110, 111, 149
Nuestra Señora de los Remedios 111

Zahnarzt 156
Zeitungen und Zeitschriften 47
Zeitunterschied 153, 154
Zelten 43, 156
Zocos 25, 107
Zollbestimmungen 156
Zonzamas 33

Abbildungsnachweis

Die Automobile Association dankt den nachfolgend genannten Fotografen und Bildagenturen für ihre Unterstützung bei der Herstellung dieses Buches:

Umschlag: (o) AA World Travel Library/Clive Sawyer, (u) AA World Travel Library/James A. Tims

BRIDGEMAN ART LIBRARY *Westküste Afrikas von Lissabon bis Sierra Leone*, aus dem *Atlas de Toutes les Parties Connues du Globe Terrestre* von Guillaume Raynal (1713–96), Genua 1780 (farbig gestaltet), Bonne, Charles Marie Rigobert (1727–95)/Privatsammlung, Ken Welsh/Bridgeman Art Library 9 Hintergrund; FLPA 24u; LAURIE HENDRICK (www.4x4-2-ventura.co.uk) 28o, 30u; MARY EVANS PICTURE LIBRARY 9m, 10 Hintergrund, 10o; NATURE PICTURE LIBRARY 26m; NHPA 26u; PHOTODISC 12/13o, 12m, 14l, 14r, 14u, 23o; TOPFOTO (www.topfoto.co.uk) 9o

Alle übrigen Fotos befinden sich im Besitz des AA-Bildarchivs (AA WORLD TRAVEL LIBRARY)und stammen von JAMES A. TIMS, mit folgenden Ausnahmen: 11m, 127, 128, 129, 131, 132u, 133o, 133u von PETE BENNETT; 19m von MICHELLE CHAPLOW; 5, 7o, 13o, 13u, 17u, 19o, 21ul, 23u, 25u, 27u, 32/33o, 34m, 34u, 48o, 65, 68m, 68u, 69o, 69m, 70m, 72o, 75u, 89m, 91o, 92mo, 92m, 112m, 112u, 117o, 117m, 120u, 121u, 123, 139, 145l, 148, 151 von STEVE DAY; 6/7 Hintergrund, 6o, 7m, 8 Hintergrund, 8o, 20o, 32m, 35, 66ul, 70u, 76u, 77, 86, 110, 112o, 122, 130, 134, 145 von CLIVE SAWYER und 26/27 von STEVE WATKINS

Abkürzungen: (o) oben; (u) unten: (l) links; (r) rechts; (m) Mitte

NATIONAL GEOGRAPHIC

Leserbefragung

Ihre Ratschläge, Urteile und Empfehlungen sind für uns sehr wichtig. Wir bemühen uns, unsere Reiseführer ständig zu verbessern. Wenn Sie sich ein paar Minuten Zeit nehmen, diesen kleinen Fragebogen auszufüllen, könnten Sie uns sehr dabei helfen.

Wenn Sie diese Seite nicht herausreißen möchten, können Sie uns auch eine Kopie schicken, oder Sie notieren Ihre Hinweise einfach auf einem separaten Blatt.

Bitte senden Sie Ihre Antwort an:

NATIONAL GEOGRAPHIC SPIRALLO-REISEFÜHRER, MAIRDUMONT GmbH & Co. KG,
Postfach 31 51, D-73751 Ostfildern,
E-Mail: spirallo@nationalgeographic.de

Über dieses Buch …

NATIONAL GEOGRAPHIC SPIRALLO-REISEFÜHRER **Lanzarote**

Wo haben Sie das Buch gekauft? ______________________

Wann? Monat / Jahr

Warum haben Sie sich für einen Titel dieser Reihe entschieden? ______________________

Wie fanden Sie das Buch?

Hervorragend ☐ Genau richtig ☐ Weitgehend gelungen ☐ Enttäuschend ☐

Können Sie uns Gründe angeben?

____

Bitte umblättern …

Hat Ihnen etwas an diesem Führer ganz besonders gut gefallen?

Was hätten wir besser machen können?

Persönliche Angaben

Name

Adresse

Zu welcher Altersgruppe gehören Sie?

Unter 25 ☐ 25–34 ☐ 35–44 ☐ 45–54 ☐ 55–64 ☐ Über 65 ☐

Wie oft im Jahr fahren Sie in Urlaub?

Seltener als einmal ☐ Einmal ☐ Zweimal ☐ Dreimal oder öfter ☐

Wie sind Sie verreist?

Allein ☐ Mit Partner ☐ Mit Freunden ☐ Mit Familie ☐

Wie alt sind Ihre Kinder? _____

Über Ihre Reise …

Wann haben Sie die Reise gebucht? Monat / Jahr

Wann sind Sie verreist? Monat / Jahr

Wie lange waren Sie verreist?

War es eine Urlaubsreise oder ein beruflicher Aufenthalt?

Haben Sie noch weitere Reiseführer gekauft? ☐ Ja ☐ Nein

Wenn ja, welche?

Herzlichen Dank dafür, dass Sie sich die Zeit genommen haben, diesen Fragebogen auszufüllen.